REFLEXÕES SOBRE A

EDUCAÇÃO TEOSÓFICA

A SABEDORIA
PERENE E O
DESPERTAR DA
INTELIGÊNCIA

VICENTE HAO CHIN JR. (COMP.)

REFLEXÕES SOBRE A

EDUCAÇÃO TEOSÓFICA

A SABEDORIA PERENE E O DESPERTAR DA INTELIGÊNCIA

TRADUÇÃO DE : EDVALDO BATISTA

EDITORA TEOSÓFICA

EDITORA TEOSÓFICA
SIG Sul – Setor de Indústrias Gráficas Sul,
Quadra 6, Lote 1235
70610-460 – Brasília-DF-Brasil
Tel.: (61) 33227843
Email: editorateosofica@editorateosofica.com.br
Site: www.editorateosofica.com.br

C539r Chin Jr., Vicente Hao
Reflexões sobre a educação teosófica: a sabedoria perene e o despertar da inteligência/ Vicente Hao Chin Jr...[et al.]. Tradução de Edvaldo Batista - Brasília: Editora Teosófica, 2019.
126 p.

Título original: Readings on theosophical education

ISBN 978-85-7922-199-6

1. Educação. 2. Teosofia. 3. Blavatsky, H. P. 4. Besant, Annie. 5. Ram, Sri. 6. Krishnamurti, J. 7. Weeraperuma, Susunaga. 8. Jinarajadasa, C.. I. Título.

CDU
37.141.332

Revisão : Zeneida Cereja da Silva
Diagramação: Ana Paula Cichelero
Capa: Tiago Portes
Impressão: Gráfica Papel e Cores, fone (61) 3344 3101
Email: comercial@papelecores.com.br

SUMÁRIO

PREFÁCIO

Este livro consiste em uma compilação de textos sobre educação feita pelo teósofo e ex-presidente da Sociedade Teosófica, nas Filipinas, Vicent Hao Chin Jr., que vem desenvolvendo em seu país, e agora também na Índia, um trabalho educacional extraordinário. Hoje as escolas Golden Link, por ele fundadas, vão desde o jardim de infância até a educação superior, baseadas em princípios educacionais revolucionários, muitos dos quais são considerados neste livro. Ele também é autor do livro *O Processo de Autotransformação,* publicado pela Editora Teosófica.

Em uma época em que toda a questão relativa à informação passa pelas transformações relacionadas à rápida evolução da informática, não sendo mais necessária tanta memorização nos estudos como ocorria no passado, já que as informações estão disponíveis, a qualquer momento, via internet, cumpre rever o papel da educação e perceber o poder revolucionário que ela pode ter na transformação do mundo e da consciência humana.

O sistema educacional vigente, via de regra, visa preparar homens e mulheres para exercer uma profissão, para competir no mercado de trabalho e para a realização de conquistas no campo material. Não é uma educação voltada a preparar o ser humano para a vida, para a felicidade, num contexto mais amplo e mais significativo do que o mero conforto material ou o sucesso pessoal. A educação convencional, salvo raríssimas exceções, é condicionadora dos padrões mentais vigentes, ao invés de ser uma educação libertadora, que permita despertar, na permeável e flexível consciência da criança e do jovem, as suas mais elevadas potencialidades em termos de inteligência, bondade, cooperação, respeito e cuidado para com o próximo.

Em boa hora, este conciso e profundo livro é publicado na língua portuguesa, buscando chamar a atenção para a importância de um processo educacional libertador, que vise trazer à tona as mais altas capacidades do ser humano, que não se expressarão apenas no nível profissional, mas numa dimensão existencial bem mais ampla.

Deve-se proporcionar à criança o terreno fértil para que sua consciência possa germinar, crescer, florescer e frutificar através de uma vida plena e integrada, promovendo naturalmente o bem comum, e não apenas o seu interesse pessoal, seja no ambiente familiar, profissional ou social.

Nesta obra, encontra-se o pensamento sobre educação de autores que marcaram os destinos da humanidade, como H. P. Blavatsky, Jiddu Krishnamurti, Annie Besant, C. Jinarajadasa, N. Sri Ram, além do próprio Vicente Hao Chin Jr., que vem dedicando grande parte de sua vida à educação de crianças e jovens.

A revolução no campo educacional já está acontecendo. A pedagogia das virtudes associada ao autoconhecimento começa a ser disseminada nos ambientes acadêmico e estudantil. É necessário, entretanto, o aprofundamento no tema, até mesmo para que não sejam criados novos padrões condicionadores que venham a embotar a mente e o coração dos jovens, impedindo que atuem como agentes transformadores de um mundo, que hoje é caótico, competitivo e violento, em um mundo pacífico e de cooperação.

Quando muitos dogmas religiosos e científicos começam a ruir ante o nascimento de uma consciência holística, inquiridora e focada na livre investigação da verdade a respeito do ser humano e do Universo, nas dimensões objetivas e subjetivas, mais do que nunca é a hora de se refletir sobre a educação de qualidade. Ela não será apenas informativa, mas, muito mais do que isso, uma educação que permita que a pureza, a espontaneidade, a leveza e a beleza da consciência infantil e juvenil não sejam corrompidas pela mentalidade de uma sociedade individualista, doente e decadente, que cultua o sucesso pessoal e o dinheiro. A partir da sucessão de gerações e de um processo educacional libertador, a regeneração da consciência humana poderá trazer não apenas a criatividade, mas a paz, a harmonia e a felicidade tão desejadas no âmago dos corações humanos.

Boa leitura e boas reflexões.

Marcos Luís Borges de Resende
Diretor da Editora Teosófica

1

SOBRE A EDUCAÇÃO TEOSÓFICA

VICENTE HAO CHIN JR.

A Educação Teosófica não significa necessariamente ensinar o que é chamado de Teosofia. Aliás, pode ser melhor referir-se ao nosso tema como "Educação Holística" ou "Educação Salutar" e não "Educação Teosófica", porque o rótulo às vezes causa impressões erradas tanto no professor quanto nos que são de fora. Quando pensamos em "Educação Cristã", ou "Educação Muçulmana", temos a impressão de que essas tradições têm de se adaptar a algum tipo de dogma ou sistema de crença preestabelecido. A educação teosófica não tem tal dogma preconcebido.

Baseada na crença de que os indivíduos devem descobrir os valores mais profundos de suas vidas por si mesmos, livres do medo e do preconceito, a educação teosófica é uma preparação para a vida em todas as suas dimensões. Através de métodos de ensino inovadores que respeitam e nutrem a individualidade e a criatividade de seus alunos, ela integra os aspectos físico, emocional, intelectual e espiritual de seu crescimento num programa coerente. Para ensinar aos alunos a abraçar sua humanidade comum e reconhecer seu lugar na teia da vida, a educação teosófica se esforça para honrar muitas crenças. Ela sustenta a convicção de que os indivíduos que estão em paz com os outros, no final das contas, criarão um mundo pacífico.

H.P. Blavatsky, a principal cofundadora da Sociedade Teosófica, escreveu em *A Chave para a Teosofia*[1] (Sec. 13):

> Se tivéssemos dinheiro, fundaríamos escolas que não produzissem candidatos alfabetizados à miséria. Deveríamos ensinar às crianças, acima de tudo, a autoconfiança, o amor por todos os homens, o altruísmo, a caridade mútua e, mais do que qualquer outra coisa, a pensar e raciocinar por si mesmas. Reduziríamos o trabalho puramente mecânico da memória a um mínimo absoluto e dedicaríamos todo o tempo ao desenvolvimento e treinamento dos sentidos internos, das faculdades e das capacidades latentes. Nós nos empenharíamos em lidar com cada criança como uma unidade, educando-a, de modo a produzir o desabrochar mais harmonioso e equilibrado de seus poderes, para que suas aptidões especiais se desenvolvam natural e plenamente. Deveríamos ter como objetivo a criação de homens e mulheres *libres* – livres intelectualmente,livres moralmente, sem preconceitos de qualquer natureza e, acima de tudo, não egoístas. E acreditamos que muito, se não tudo isso,

[1] Editora Teosófica, 4ª ed., p. 233-234. 2011. (N. E.)

poderia ser conseguido através de uma educação *apropriada e verdadeiramente teosófica* .

Observe-se que nesta descrição muito clara da Educação Teosófica nada é dito a respeito das matérias a ensinar, mas sim da importância de focar no desenvolvimento de certas qualidades do aluno. O sistema de crença particular do aluno é menos importante do que seu caráter e capacidade para pensar livremente.

N. Sri Ram, quinto presidente internacional da Sociedade Teosófica, afirma a mesma coisa:

> Aquilo que chamamos de Educação Teosófica deve ser educação no verdadeiro sentido, não a imposição de algumas ideias que possamos rotular como Teosofia. Acima de tudo, deve-se entender que educação é principalmente educação do indivíduo, e não instrução em qualquer matéria ou o ensino de alguma técnica, embora essas coisas possam ser muito necessárias, e devem vir incidentalmente. Não é impor nada de fora, mas extrair o que está no interior, as capacidades que já são do ego ou da alma, fomentando o processo de seu crescimento e desenvolvimento naturais em sua nova manifestação num período quando tal auxílio é grandemente necessário. (*The Theosophist*, abril de 1960).

Isto é igualmente enfatizado por um dos maiores filósofos educacionais do século XX, J. Krishnamurti:

> A função da educação é criar seres humanos que sejam integrados e, portanto, inteligentes. . . . Educação no verdadeiro sentido é ajudar um indivíduo a se tor-

nar maduro e livre, florescer muito em amor e bondade. (*Education and the Significance of Life,* Cap. 1 & 2).

Reta educação é preparar o jovem para enfrentar não apenas os desafios da vida social (tais como carreira ou estabilidade financeira), mas entender melhor a arte e ciência de viver em si mesmo e ter a capacidade de viver segundo tal compreensão. Envolve a compreensão do processo de crescimento dos seres humanos e a concretização das mais elevadas possibilidades de um indivíduo verdadeiramente maduro. Envolve a compreensão do processo de crescimento dos seres humanos e facilita o desabrochar das possibilidades superiores de um indivíduo verdadeiramente maduro.

Em termos teosóficos, esse resultado final é chamado "perfeição", e só é obtido após muitos anos de experiências, lições e crescimento. A ideia de perfeição não é exclusividade da Teosofia. As grandes tradições espirituais oferecem o mesmo *insight* a respeito do ápice do crescimento humano, tal como Buda para os budistas, *Jivanmukta* (Alma Liberta) para os hindus, "Homens que se tornam Perfeitos" para os cristãos, e Al-insan al kamil para os muçulmanos. Os psicólogos têm falado de potenciais semelhantes. Abraham Maslow faz referência a um estado de "autorrealização", Carl Rogers ao "indivíduo em pleno funcionamento".

Ver-se-á que se a finalidade de tal processo de crescimento é não simplesmente "sucesso" material ou social, mas o pleno desenvolvimento de um ser humano. Embora a Escola Teosófica vá ajudar os jovens a atingirem competências materiais e sociais, tais capacidades seriam apenas parte de uma meta maior que é a total salubridade da vida do indivíduo. Não faz sentido tornar uma pessoa um sucesso financeiro se a pessoa é infeliz, inescrupulosa ou perversa. A situação do mundo atual está tão mergulhada em violência, injustiça, ganância e egoísmo que qualquer escola que ajude a moldar tais pessoas estará causando, na verdade, mais dano às pessoas e ao mundo.

Construção do Caráter e Desenvolvimento da Personalidade

Um dos *insights* mais importantes da educação teosófica é a respeito da natureza dual de um ser humano – a personalidade exterior e a individualidade interior. A personalidade exterior consiste do corpo físico (incluindo o duplo etérico ou corpo energético), a natureza do desejo e a mente inferior. A individualidade interior é composta da mente abstrata superior, da consciência transpessoal e do Eu verdadeiro no interior. Estes dois agrupamentos são simbolizados por dois triângulos:

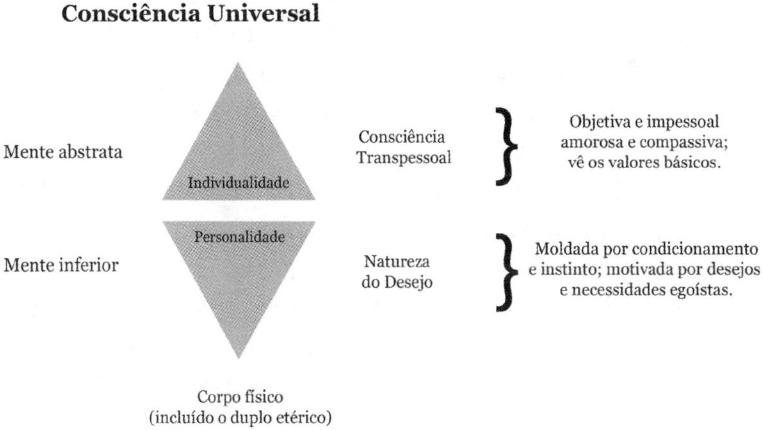

A personalidade está condicionada por instintos e hábitos. Quando se sente ameaçada, reage instintivamente para se defender ou se proteger através de um surto de energia que é caracterizado por tensão e aborrecimento. Da primeira infância em diante, está continuamente sendo condicionada de diversas maneiras.

A construção do caráter é um elemento essencial na educação teosófica. Sem ela, a escola será apenas um emitente de diplomas vocacionais.

A vida não é apenas a respeito de um emprego. É principalmente a respeito de ser bom, ser feliz, ser útil aos outros, e ter paz interior. E estas qualidades dependem do reto caráter da pessoa.

A construção do caráter é não apenas a respeito de se ter valores saudáveis na própria mente. Envolve também uma personalidade bem nutrida que tenha hábitos e padrões de comportamento que permitam ao indivíduo dedicar-se a tais valores. Os valores pertencem à individualidade superior, enquanto os hábitos e comportamentos são características da personalidade inferior. Estes dois aspectos devem estar em mútua harmonia. A Escola Teosófica deve incorporar comportamentos que não contradigam os valores básicos que eventualmente serão despertados no indivíduo.

Evitando Condicionamentos Prejudiciais. Um elemento importante de uma Escola Teosófica é ter um ambiente e um relacionamento que não crie condicionamentos prejudiciais tais como medo, insegurança, ressentimento ou baixa autoestima. Estas coisas não permitem que a liberdade interior floresça. Isto significa que os professores não devem usar ameaças, humilhações, comparação, castigo ou competição para motivar os alunos.

O medo surge no aluno quando o professor se comporta de maneira furiosa. A ira é o resultado de frustração e sentimento de falta de controle. Portanto, o professor deve ser treinado em abordagens à liderança de classe efetiva sem o uso da ira ou de ameaças.

O castigo é uma tentativa de infligir dor psicológica ou física ao aluno. Isso tem efeitos danosos. Em vez de punir, os professores devem permitir que os alunos enfrentem as consequências de seu fracasso na realização de algum dever ou tarefa. As consequências devem ser o resultado lógico do fracasso – por exemplo, consertar ou pagar por uma cadeira quebrada. O professor pode inspirar respeito aos alunos sem ser temido. A ausência de medo não significa que os alunos irão abusar da gentileza por parte do professor.

Comparação e competição causam insegurança nos alunos. Nos casos em que as crianças sofrem da desaprovação do professor, quando outros alunos se saem melhor do que elas, seus sentimentos com relação aos outros alunos tornam-se de cautela ou de hostilidade interior, em vez de prontidão para ajudar e cooperar. Os outros alunos tornam-se adversários. A escola, portanto, deve evitar classificar os alunos (primeira homenagem, orador oficial, etc.) ou ter competições onde poucos ganharão medalhas de ouro ou de prata. Classificação e competição desenvolvem baixa autoestima e baixa autoconfiança naqueles que não são bem classificados – na verdade, a maioria dos alunos. Mesmo os alunos que vencem desenvolverão um senso de insegurança por se sentirem pressionados a permanecer no topo da classe.

Classificação e competição são injustas e não naturais. Alguns alunos são mais talentosos do que outros em algumas áreas, mas não em outras. Se forem comparados somente numa área (tal como inteligência lógica verbal), então somente aqueles que têm talento nesta área serão reconhecidos como os melhores. Mas não existe padrão simples de se medir a inteligência. O psicólogo de Harvard Howard Gardner identifica nove tipos de inteligência, e não se pode dizer que um seja claramente superior aos outros.

Ao patrocinar eventos, tais como programas de falar em público, deve-se evitar a competição. O que é feito nas várias escolas Golden Link nas Filipinas é que se pede a todos os alunos, sem exceção, para proferirem uma composição sua durante o Programa de Declamação que ocorre uma vez por ano. Pode ser um simples verso infantil para alunos da pré-escola ou um discurso pleno para alunos do ensino fundamental, preparado pelos próprios alunos. Os pais são convidados para vir e observar, mas não existe competição. Eles dão o melhor de si e são apreciados pelo que de melhor apresentarem. Para uma escola com 400 alunos, o programa pode ser dividido em diferentes grupos ocorrendo em dias diferentes.

Que os alunos sejam inspirados para atingir excelência – que é serem o melhor que consigam. Os professores devem buscar despertar o interesse e o entusiasmo dos alunos, e inspirá-los a atingir excelência no que quer que façam, independentemente de como outros alunos se saiam.

Traços de Caráter Saudáveis. Além de evitar os botões de negatividade, a escola deve despertar qualidades saudáveis, tais como respeito, gentileza, autoconfiança, integridade, sensibilidade aos outros, não violência e racionalidade. Outro livro intitulado *Nurturing Character and Personality Development* [Nutrindo o Desenvolvimento do Caráter e da Personalidade], destaca 26 qualidades do caráter e da personalidade que precisam ser encorajados.

O processo de educação não é feito simplesmente baseado em preleções, mas é demonstrado na vida diária da escola. Esses valores devem tornar-se parte da cultura de toda a escola, com os professores usando cada oportunidade para demonstrar sua presença e aplicação nas questões, nos problemas e relacionamentos da vida.

Seleção de Professores

Deve ser óbvio que a seleção e o treinamento de professores são ingredientes importantes no desenvolvimento de uma escola verdadeiramente teosófica.

A vasta maioria dos professores teve um treinamento pedagógico na faculdade sem passar por um processo de autopreparação necessário para se tornar um professor salubre. Avaliam tanto os alunos quanto a si mesmos pelo número de alunos que conseguem passar nos exames, mas negligenciam em dar atenção às suas próprias qualidades pessoais como professores. Importa pouco se os alunos têm pavor do professor enquanto conseguirem passar nas provas. Aliás, muitos professores se orgulham do fato de que são temidos pelos alunos.

Um ambiente de medo tem a tendência de fazer com que os alunos odeiem a matéria.

Os professores de uma Escola Teosófica precisam ser selecionados com base em certas qualidades ou potenciais pessoais. A escola em si deve empreender um contínuo treinamento de professores para desenvolver tais qualidades entre o corpo docente.

Uma Natureza Amorosa. Isto se refere à qualidade de compaixão, cuidado, gentileza e compreensão.

Firmeza e Assertividade. Lado a lado com a qualidade amorosa, eles devem também poder ser firmes ou assertivos quando necessário.

Entusiasmo pela Matéria. Os alunos são muito influenciados pelo entusiasmo mostrado pelo professor em relação à matéria que ensina. Tal entusiasmo pode às vezes ser contagiante, levando até mesmo, às vezes, os alunos a escolher uma especialização naquela matéria posteriormente na vida.

Servir como Modelo. Esta é uma parte difícil, mas necessária. Os jovens são muito influenciados pelo comportamento dos adultos à sua volta. Quando os adultos tendem a mentir ou enganar, os jovens começam a pensar que tais comportamentos são permissíveis. Quando os adultos gritam e se tornam violentos ao enfrentar problemas, os jovens podem adotar comportamentos semelhantes em suas próprias vidas. Os professores teosóficos precisam desenvolver conscientemente em si mesmos qualidades e comportamentos que sejam favoráveis ao crescimento positivo naqueles à sua volta.

O Diretor

A possibilidade de se estabelecer um ambiente saudável na escola depende em grande parte do líder da escola, seja ele chamado de presidente, diretor, chefe, ou reitor, etc. O diretor deve compreender claramente a filosofia educacional de uma Escola Teosófica e perfeitamente deve corporificar as qualidades de um bom professor e líder. O diretor não precisa sequer ser um professor profissional. Quando o diretor não tem muita clareza a respeito da filosofia, ele ou ela tenderá a sucumbir a pressões e a comprometer os princípios da escola ao enfrentar dificuldades. Por exemplo, alguns pais podem ameaçar não matricular ou tirar os filhos da escola a não ser que a escola adote classificação ou competição. Quando os princípios de não comparação e não competitividade não estão claros para o diretor, ele ou ela pode tentar agradar os pais instituindo tais práticas.

Ao se estabelecer uma Escola Teosófica, portanto, a disponibilidade de um diretor competente à frente da instituição é um ingrediente importante para o seu sucesso.

Treinamento de Professores

Geralmente os professores são inexperientes quando terminam o curso de graduação. Depois de contratados, eles precisam ser treinados e desenvolvidos ao longo de muitos anos. A Escola Teosófica, portanto, deve ser uma instituição que empreenda treinamento contínuo de seu corpo docente e funcionários em geral.

No recrutamento de professores, em geral, é melhor contratar professores jovens, já que ainda não estão muito condicionados por exposições prévias a métodos insalubres de educar os jovens. Quanto mais velho se fica, mais forte é este condicionamento e mais difícil modificá-lo. A desvantagem de se recrutar jovens é que eles são menos maduros e desprovidos de experiência, mas a vantagem é que são mais abertos ao treinamento e à transformação.

Treinamento de Autotransformação. Um dos mais importantes programas de treinamento para um professor teosófico é o "Treinamento de Autotransformação para Professores". Esse treinamento contém módulos que ajudarão a desenvolver a autopreparação do professor como indivíduo e como professor. Seguem abaixo exemplos de qualidades desenvolvidas pelo Treinamento de Autotransformação:

- Capacidade para lidar com o estresse e resolvê-lo;
- Capacidade para remover ou lidar com o medo;
- Capacidade para remover reações emocionais insalubres, tais como ira ou ressentimento;
- Autopercepção e calma interior na vida diária;
- Capacidade para lidar com conflitos humanos sem ser tímido ou agressivo, e ser harmoniosamente assertivo;
- Capacidade para com a vontade interior, neutralizar ou vencer os hábitos e as tendências insalubres da personalidade exterior;
- Capacidade para penetrar o silêncio ou a meditação interior;

- Clareza e integração dos valores pessoais;
- Capacidade para amar e expressar amor efetivamente;
- Capacidade para estar alegre e feliz.

Ver-se-á que as capacidades acima são necessárias não apenas para os professores, mas para qualquer um, quaisquer que sejam suas profissões, pois essas capacidades são fundações de bem-estar como também de um viver eficaz.

Manejo de Classe. Lidar com uma turma de trinta ou quarenta crianças com nove anos de idade apresenta dificuldades especiais. As questões e abordagens em liderança de classe eficaz irão variar segundo os níveis de idade dos alunos. Nos níveis de menos idade, atividades pré-planejadas e ferramentas de aprendizagem (tais como materiais Montessori) são altamente eficazes porque podem naturalmente absorver a atenção das crianças. Para o ensino fundamental, médio e superior[2], as habilidades de manejo de classe envolverão novas dimensões, tais como liderança pessoal, autenticidade no relacionamento, a natureza inspiradora da abordagem ao ensinamento e a fatores semelhantes.

Familiaridade com a Sabedoria Perene ou Teosofia. Os professores devem estar cientes do quadro maior da vida humana. A vida não diz respeito apenas a se formar, casar ou ter filhos e se aposentar. Deve-se descobrir se existe um propósito maior para a vida humana e que

---

[2] Em todo o livro, as nomenclaturas referentes aos anos escolares foram atualizadas (N.E.)

leis governam esses processos; e se existe um caminho para a realização do mais elevado potencial pessoal.

O diretor, portanto, precisa organizar encontros regulares de estudo explorando o tema Teosofia. O propósito de tais encontros não é converter os professores à Teosofia ou torná-los membros da Sociedade Teosófica, embora eles sejam bem-vindos a se filiar, e sim ajudá-los a se tornarem perceptivos dessas questões maiores da vida e a pensarem a respeito delas com seriedade e profundidade. A pesquisa teosófica inclui o estudo de religião comparada, psicologia transpessoal, parapsicologia, felicidade e sofrimento, autopercepção, autodesenvolvimento, misticismo e espiritualidade.

Tais estudos devem ser tratados de modo não dogmático e racionalmente. Onde se mostrar relevante, uma abordagem científica deve ser adotada, como, por exemplo, os temas de encarnação e parapsicologia. Uma parte muito significativa deste estudo é o lado ético da vida teosófica. Ele deve levar a um modo de vida saudável.

Currículo

Normalmente se exige que as escolas adotem o currículo padrão prescrito pelo departamento ou ministério de educação do governo. Para transformar o currículo em um currículo teosófico, as seguintes facetas devem ser levadas em consideração:

a. A Escola Teosófica pode acrescentar matérias às matérias regulares prescritas, que conterão os aspectos construtores do caráter do currículo. Pode ser chamado de "Educação de Valores", "Autopercepção", ou "Autotransformação", por exemplo;

b. A abordagem para ensinar outros temas-padrão pode ser modificada para que tenham uma orientação teosófica, tal como encorajar o questionamento ou constantemente ligá-lo a questões de valor;

c. Introduzir a prática de períodos de silêncio regulares uma ou duas vezes ao dia. Para a pré-escola e escola fundamental, pode ser cinco minutos. Alunos mais avançados podem suportar dez a vinte minutos;

d. Ter atividades cocurriculares que ajudarão a construir habilidades vitais, formar retos valores e estabelecer retos comportamentos. O exemplo disto é o acampamento de jovens que pode durar três ou quatro dias;

e. Nos níveis de ensino fundamental e médio, a visão de mundo teosófica pode ser introduzida formalmente como assunto autônomo. Ao adotar o currículo padrão exigido pelo governo, a Escola Teosófica deve estar ciente das habilidades e dos conhecimentos acadêmicos essenciais que devem receber alta prioridade e atenção especiais. A proficiência em linguagem e matemática básica certamente é fundamental. Quando as habilidades em linguagem são deficientes, a competência em outros campos sofrerá enormemente; a compreensão da leitura será baixa, e o aluno será relutante para ler.

Avaliando a Realização Acadêmica

O quadro de pessoal da escola deve estar constantemente perceptivo das reais metas acadêmicas da educação. A meta não é apenas os alunos passarem de ano e irem para o nível seguinte. A meta é os alunos entenderem a matéria e serem proficientes de maneira prática. Por exemplo, ao estudar história, o professor deve ter em mente que o objetivo é o aluno conhecer a origem e o desenvolvimento da civilização moderna e aprender as lições do passado para que possamos estar conscientes dos fatores danosos e úteis que afetarão os esforços atuais para construir uma sociedade ou um mundo ideal. Isso é ter uma real competência no assunto. Focar na memorização de datas e nomes irá apenas fazer com que os alunos detestem a matéria. História pode ser tão fascinante quanto um romance de ficção.

A escola, portanto, precisa estar consciente do modo como os professores avaliam seus alunos. A avaliação (muitas vezes chamada de provas) tem como objetivo avaliar o nível de proficiência dos alunos. Quando as avaliações focam sobre informações não essenciais, tais como datas e nomes de reis ou nomes de documentos, então se está, na verdade, pedindo aos alunos para fazerem memorização mecânica de fatos relativamente inúteis. Se, por outro lado, as questões da avaliação exigem a demonstração da compreensão de princípios básicos e de informação a respeito do tema, então os alunos serão encorajados a entender, analisar, sintetizar ou mesmo discordar com o que é encontrado nos livros didáticos. A capacidade para discordar e propor visões alternativas convincentes sobre um tema é uma das mais elevadas formas de competência.

O sistema de notas é outra preocupação. As autoridades em educação de um país podem exigir que a escola faça uso de notas. As notas são também exigidas quando os alunos se transferem de uma escola para outra. É melhor que os boletins estejam em termos de metas descritivas em vez de números. Nas Filipinas, por exemplo, como em inúmeros outros países atualmente, o governo tem adotado um sistema de descrever as proficiências em termos de "I" (Iniciante), "D" (em Desenvolvimento), "AP" (Aproximando-se da Proficiência), "P" (Proficiente), "A" (Proficiência Avançada). Este método acentua a proficiência como a meta do aprendizado, em vez de um tipo de julgamento da capacitação do aluno para passar em exames. Esses códigos podem ter valores equivalentes, mas não aparecem nos boletins dos alunos.

Ambiente no Campus

Todo o ambiente no campus é um fator vital no desenvolvimento e desabrochar do potencial interno do aluno. A seguir, sugerem-se os seguintes elementos:

Cumprimento: No Golden Link College, os administradores e o corpo docente apertam as mãos de todos os alunos que encontram ao chegar pela manhã. O aperto de mão é acompanhado de um sorriso cordial. A repetição diária desta interação afirmativa pode produzir um efeito profundo nos alunos. Eles se sentem reconhecidos e aceitos a cada dia, o que ajuda a desenvolver a autoaceitação ou a autoestima. Isso, por sua vez, evolui transformando-se em autoconfiança. Se a cultura não desaprova tal prática, sugere-se que os apertos de mão sejam encorajados. O estado de ânimo diário dos alunos é realçado por este gesto aparentemente simples, e um modo de interação agradável e amistoso torna-se habitual;

Respeito: O respeito é demonstrado pelas expressões faciais, pelo uso de linguagem ou tom de voz para com os outros. Se alguém lhe respeita, você se sentirá bem considerado ou até mesmo admirado. Isso é uma forte afirmação do merecimento de uma pessoa. Quando isso é experimentado diariamente na escola, a autoestima do aluno muda e melhora inconscientemente.

Disciplina

Como uma Escola Teosófica desenvolve a disciplina de seus alunos sem o uso de ameaças ou castigos?

Hábitos. Os seres humanos são criaturas de hábito. Isso ocorre especialmente com as crianças. Quando elas repetidamente realizam uma tarefa sem sentimentos negativos, então a tarefa torna-se um hábito. Elas assim farão sem pensar a respeito. Um exemplo simples é permanecer em fila. As crianças não têm noção do que seja no início. Elas correm por toda parte quando querem. Mas quando veem que existe algo como andar em fila, elas o fazem regularmente, apenas realizam a tarefa sem questionar.

Centenas de comportamentos são desenvolvidos desta maneira simples: levantar o braço antes de falar em sala, pedir permissão antes de deixar a sala, entrar na fila da cantina, pedir "desculpas" quando se feriu outra pessoa, conversar com o colega a respeito de um conflito em vez de entrar em luta corporal, ser honesto a respeito das coisas, etc.

Onde uma instrução não viola a natureza individual, as crianças muito facilmente adotam o comportamento. Existem, no entanto, muitos casos em que as crianças desenvolveram comportamentos antissociais no lar, e o novo padrão de comportamento na escola torna-se difícil para elas. É aqui onde entra a firmeza por parte do professor.

Firmeza é muito diferente de castigo ou ameaças. O professor deve reconhecer que alguns alunos estão passando por uma luta interna: eles podem mentalmente querer adotar o novo comportamento, mas seus hábitos contrários são muito poderosos. Portanto, o professor deve ajudar as faculdades superiores do aluno a sobrepujar as inferiores, através da firmeza, encorajamento, elogio por pequenos esforços, consideração amorosa, etc. Aqui a paciência é importante.

Em suma, é útil para a escola identificar padrões de comportamento importantes que deseje que os alunos desenvolvam, e então proporcionar um ambiente humano amoroso que irá nutrir tal desenvolvimento.

Racionalidade. Para alunos com mais idade, a faculdade de raciocínio deve ser gradualmente fortalecida, para que eles facilmente reconheçam uma regra que seja boa, útil e sensível. Eles podem achar difícil se sujeitarem a ela, mas não questionam sua validade.

O desenvolvimento da faculdade de raciocínio vem a partir da constante interação e discussão com os professores a respeito de várias questões, tais como por que não devemos chegar atrasados na escola, ou por que não devemos recorrer ao pugilato quando discordamos dos outros. Por esta razão, os professores devem pensar a respeito dessas questões para que também eles se esclareçam sobre tais assuntos. O diretor deve incluir estas discussões nos encontros regulares com os professores.

Desenvolvimento do caráter. O reconhecimento da importância de certos valores ou virtudes é parte do desenvolvimento autodisciplinar do aluno. A escola precisa ter clareza quanto às qualidades do caráter que precisam ser nutridas entre os alunos, e elas devem ser nutridas constante e sistematicamente.

Cantina

De acordo com os princípios de inofensividade e no interesse da saúde das crianças, é apropriado que a cantina da escola sirva apenas alimento vegetariano. A lógica desta escolha deve ser explicada aos pais e alunos no início de cada ano letivo. Pode-se dizer que o vegetarianismo provou ser uma prática dietética mais saudável e que também é consistente com a atitude teosófica de não violência para com os animais, que sofrem quando estão sendo mortos.

A cantina também não deve servir ou vender alimentos que sabidamente sejam insalubres, tais como doces, batatas fritas, refrigerantes, café, etc. Em vez disso, deve promover coisas como frutas, sucos ou lanches naturais, tais como milho cozido.

Questões Religiosas

A Escola Teosófica é totalmente não sectária, e consequentemente deve evitar quaisquer tipos de cerimônias religiosas ou sistemas de crenças que favorecerão uma religião ou outra. Embora respeite as predisposições religiosas das famílias das crianças, a escola em si deve cuidar para que quaisquer programas, eventos, invocações sejam de caráter universal ou inclusivo.

É comum que o contexto religioso e o condicionamento dos professores aberta ou sutilmente comunique uma visão de vida não saudável aos alunos. O professor de ciências, por exemplo, pode inconscientemente supor que a Bíblia é literalmente verdadeira e sem propósito deliberado levar os alunos a duas versões paralelas, mas contraditórias da origem das coisas: a criação das coisas num estado plenamente desenvolvido (ou seja, animais e seres humanos) como consta no Gênesis, e a evolução de organismos a partir de unidades simples para unidades mais complexas. A Escola Teosófica, embora sendo não dogmática a respeito de questões religiosas, deve discutir essas questões com os professores e deixar que eles resolvam estas incongruências inconscientes com suas próprias mentes. Professores de mente fechada, que têm noções erradas e preconcebidas a respeito da religião, acharão difícil se adaptar à liberdade intelectual de uma Escola Teosófica.

O diretor ou um líder designado deve então iniciar regularmente discussões e estudos sobre estas questões entre os membros do corpo docente. É melhor combinar isso com estudos teosóficos, porque essas questões são inseparáveis de questões religiosas, morais e filosóficas que constituem os tópicos regulares de grupos de estudo teosóficos.

Outro exemplo são as visões a respeito de Deus. Os professores podem inconscientemente falar aos alunos a respeito de um Deus que sempre supuseram ser verdadeiro, não compreendendo que isso pode ser um conceito tradicional que é antropomórfico e tem muitas contradições internas. Ademais, estas coisas devem ser temas de discussão e investigação durante os encontros de estudo com os professores.

O Ensino de Teosofia

Para alunos de níveis mais elevados, o ensino do que é chamado Teosofia será apropriado, mas precisa ser feito com sabedoria e prudência – sabedoria, porque a Teosofia não deve ser ensinada como algum tipo de dogma como outra religião; prudência, porque deve ser ensinada com uma consideração à cultura no entorno da escola. De maneira graduada, o que vem a seguir são exemplos de princípios da visão de mundo teosófica que podem ser discutidos com as crianças para que elas vejam as implicações e aplicações práticas na vida diária:

A Família Humana. Além da construção do caráter e do reto relacionamento, o primeiro princípio a se discutir com as mentes jovens é a unidade da humanidade. Existe diversidade de culturas, religiões e línguas no mundo, mas todos somos seres humanos, e todos somos irmãos e irmãs. Esta lição pode estar integrada a muitas matérias, especialmente ciência sociais e história. A celebração do

Dia das Nações Unidas, em um programa anual, traz para um nível mais tangível a unidade em meio à diversidade. As crianças vestem trajes nacionais de outros países, cumprimentam a plateia em diferentes idiomas, dão exemplos de diferentes tradições e modos de fazer as coisas, dançam as danças tradicionais de outros países, etc.

Quanto mais elevados os níveis, mais detalhado pode ser o modo como a matéria é estudada. A certa altura, deve ser introduzido religião comparativa, primeiramente, para familiarizar os alunos com a diversidade e os sistemas de crenças, e para formar uma atitude de respeito saudável por tal diversidade; e segundo, para entender a natureza da busca religiosa, particularmente a busca pelo que é verdadeiro e o que é o reto viver.

Compaixão. Outra qualidade a ensinar é a sensibilidade à dor e ao sofrimento de outros seres vivos, e que devemos evitar infligir dor ou dano a qualquer coisa viva. Isto começa com a compaixão para com os nossos próximos, depois para com os animais, então para com a Natureza em geral – particularmente cuidando da própria Terra.

Karma. O princípio de causa e efeito é facilmente assimilado pelas jovens mentes. Você prejudica alguém, isto cria raiva e hostilidade, e faz com que os outros por sua vez queiram prejudicar você. Você faz o bem aos outros, então você cria boa vontade e benevolência, fazendo com que os outros queiram fazer coisas por você, trazendo-lhe maior harmonia e felicidade na vida. Isso pode ser ensinado em situações reais no lar e na escola.

Reencarnação. Para as culturas que acreditam na reencarnação, o tema pode ser debatido desde tenra idade. Para as culturas que não acreditam, o debate do tema pode começar a partir do ensino fundamental. O tema deve ser abordado como uma questão científica, como também um corolário ao *karma*. Os professores devem ser sensíveis à cultura local e antever que os alunos falarão a respeito do tema quando chegarem em casa. Qualquer que seja a cultura, o conceito de reencarnação deve ser apresentado aos alunos simplesmente para sua consideração, e não imposto como uma crença. Há evidências científicas sobre a reencarnação, de tal modo que o tema pode ser discutido objetivamente sem torná-lo um debate religioso.

Os Princípios de um Ser Humano. Este tema pode ser ensinado a qualquer momento que as crianças consigam entendê-lo. Elas podem em parte validar este conhecimento com suas próprias experiências nos corpos: físico, emocional e mental. O corpo astral (*linga sharīra*) pode ser explicado numa idade apropriada em conexão com os temas: estresse, tensão, desconfortos físicos (tais como feridas emocionais sentidas no peito, e o medo sentido no plexo solar, etc.). Posteriormente, podem ser vistos os temas: fotografia Kirlian, experiências de quase morte, projeção do duplo, bilocação, fenômenos semelhantes e investigações científicas, e serem compartilhados com os alunos de níveis mais elevados. A distinção entre a personalidade e a individualidade pode ser explicada juntamente com sua implicação sobre os conflitos internos e no fortalecimento da vontade.

O Processo que leva à Maturidade e à Perfeição. O conhecimento é útil quando ajuda o indivíduo a se tornar mais maduro, eficaz e sábio. O professor deve possibilitar que os alunos se tornem perceptivos do objetivo mais elevado do estudo da Teosofia, que é permitir aos seres humanos entenderem a si mesmos, lidarem com conflitos internos, viverem harmoniosamente com os outros, diminuírem a infelicidade, fazerem o que é eticamente correto, jamais deliberadamente causarem dano aos outros, servirem àqueles que precisam, serem altruístas, e gradualmente se tornarem pessoas satisfeitas, felizes e maduras.

Ensinamentos Comuns em Diferentes Tradições Espirituais. É extremamente útil para o professor assinalar que todos os princípios acima podem ser encontrados nas diferentes tradições religiosas ou espirituais nas quais se encontram: Hinduísmo, Cristianismo, Budismo, Judaísmo, Islamismo, etc., particularmente nas tradições místicas dessas religiões. Os professores, portanto, devem estar bem familiarizados com os princípios teosóficos, e como são encontrados nos ensinamentos mais profundos de cada religião.

Outros Aspectos da Teosofia. Os princípios acima são elementos essenciais do conhecimento teosófico básico e podem ser explorados de maneira crescente e profunda à medida que os alunos progridem. Já no ensino superior, podem ser prescritos materiais de leitura mais avançados que incluam tópicos como perfectibilidade humana, misticismo, caminho para a perfeição, os mundos invisíveis, parapsicologia, etc.

Preocupações Especiais

Por causa da natureza universal da educação teosófica, surgem preocupações especiais. Seguem então alguns exemplos, e a administração escolar precisará usar seu melhor julgamento ao lidar com outras questões à medida que forem surgindo.

Programas Escolares. Os programas escolares devem esforçar-se por apoiar princípios universais e inclusivos, em vez de atitudes divisórias ou discriminatórias. Nos países cristãos, é comum ter um programa ou festa de Natal em dezembro. No Golden Link College e na Sociedade Teosófica nas Filipinas, é chamado de Programa ou Festa de Final de Ano, embora isto não signifique que a inspiração espiritual esteja excluída.

É uma prática comum em muitas escolas, sejam sectárias, não sectárias ou públicas orar no início dos programas ou funções. Isso é ótimo, mas tais orações ou invocações não devem ser sectárias, e sim aceitas por todos. No Golden Link College é usada uma invocação simples: "Que tenhamos uns poucos momentos de silêncio. Hoje, quando celebramos [por exemplo, o Dia das Nações Unidas], que nossos corações e mentes sejam um. Possam as bênçãos divinas descer sobre nós agora e todo o tempo. Obrigado".

O Ensino de História. O ensino de História precisa de atenção particular. A História é geralmente apresentada nos livros didáticos a partir de um ponto de vista nacionalista, o que pode eventualmente levar a uma visão de mundo que é estreita, divisora e hostil. É essencial fazer uma distinção entre nacionalismo e patriotismo. Patriotismo é o amor pelo país, uma preocupação pelo bem-estar da sociedade maior e a promoção do bem comum. O nacionalismo é amor pelo meu país em oposição ao país de uma outra pessoa, enfatizando, geralmente, o interesse de uma nação contra o de outra.

É melhor ensinar a história como a luta de um povo rumo à equidade, liberdade e progresso. Um país pode sofrer opressão ou oposição de outra nação que busca seus próprios interesses. A busca por independência ou autogoverno é uma aspiração natural de um povo, resultando em conflito, revolução ou guerra quando há uma força colonizadora ou exploradora que não é bem-vinda. A questão subjacente é a luta por autonomia, não o ódio por outro povo ou raça. A apresentação distorcida da história na perpetuação do ódio racial ou étnico é um efeito extremamente danoso da educação estreita.

No futuro distante, a humanidade não mais pensará em termos de "meu" país *versus* "teu" país, mas em termos de um mundo e uma família humana, dividido em distritos administrativos, e com pessoas que apreciam a diversidade de cultura, línguas e tradições.

Envolvimento dos Pais

Pelo fato de a educação teosófica ser essencialmente a respeito de educação para a vida e não simplesmente como competências acadêmicas, os pais devem estar bem informados a respeito da filosofia e metodologias da escola. A interação regular com os pais é, portanto, uma característica importante da vida escolar. Os pais podem ser orientados a respeito da abordagem educacional de uma Escola Teosófica de várias maneiras. Por exemplo:

a. No início do ano letivo, realiza-se um encontro com eles no qual são explicados os objetivos, as metodologias e políticas da escola;

b. Durante o ano letivo são realizados programas para os quais os pais são convidados, tais como o Dia da Família, Programa de Declamação, Programa de

Final de Ano, Programa das Nações Unidas, Programa de Formatura, etc. Nestas ocasiões, o diretor, um funcionário mais antigo ou um membro do corpo docente profere um discurso ou mensagem para familiarizar os pais com um aspecto da educação oferecida pela escola. Pode ser sobre relacionamentos, a construção do caráter, os cuidados paternais, como os pais podem ajudar os alunos em seus estudos, a visão mais ampla da vida, a natureza do verdadeiro sucesso, etc. Essas palestras ajudam a alinhar as perspectivas dos pais com as da escola.

c. A escola programa regularmente Conferências Pai-Professor, onde o professor discute com o pai/mãe o desenvolvimento da criança e explora maneiras por meio das quais tanto os pais quanto os professores podem ajudar no crescimento e progresso da criança. O professor pode aproveitar esta oportunidade para conhecer mais profundamente os pais com abordagens paternais efetivas e apropriadas à situação.

Resumo

1. A Escola Teosófica é basicamente a respeito do desenvolvimento de um certo tipo de ser humano que é psicologicamente equilibrado, intelectualmente livre, liberto de preconceito, que tem motivação intrínseca para atingir excelência, que é ético, socialmente bem-adaptado, autoconfiante e altruísta;

2. Como tal, o trabalho de uma Escola Teosófica é a respeito da construção do caráter, do desenvol-

vimento da personalidade e do despertar da autopercepção e da inteligência superior. Só secundariamente é a respeito de aprender o que são chamados de conceitos teosóficos;

3. A escola deve criar um ambiente humano no campus que fomente as qualidades desejadas em seus alunos. Isto está refletido nas políticas da escola, tais como não classificação ou competição, no relacionamento entre professores e alunos, e no modo como as matérias são estudadas e discutidas na sala de aula, entre outras coisas;

4. Para atingir esses objetivos de uma Escola Teosófica, a escolha do diretor é crucial, pois ele ou ela estabelece o tom e a atmosfera de toda a escola;

5. Os professores devem ser bem selecionados e treinados;

6. O currículo deve ser de tal modo projetado ou adaptado que as metas da Escola Teosófica possam ser alcançadas;

7. A Escola Teosófica deve ser verdadeiramente não sectária, embora respeite a crença dos alunos;

8. O ensino formal de Teosofia pode começar no ensino médio e depois no ensino superior.

2

SOBRE A EDUCAÇÃO

H. P. BLAVATSKY

É dever de todos os teósofos promover, da maneira mais prática possível, e em todos os países, a difusão da educação *não sectária*.

Qual é o *verdadeiro* objetivo da educação moderna? Será cultivar e desenvolver uma mente na reta direção; ensinar os deserdados e infelizes a levarem com firmeza o fardo da vida (que lhes foi atribuído pelo *karma*); fortalecer-lhes a vontade; inculcar-lhes o amor ao próximo e o sentimento de mútua interdependência e fraternidade; e assim treiná-los no sentido de formar o caráter para a vida prática? Nada disso. E, no entanto, estes, inegavelmente, são os objetivos da educação em todos os tempos. Ninguém pode negá-lo; todos os educadores admitem-no, e falam com voz empolada sobre o assunto. Mas qual é o resultado prático de sua ação? Todos da nova geração de professores responderão: "O objetivo da educação moderna é passar nos exames", um sistema não para desenvolver a reta emulação, mas para gerar e alimentar o ciúme, a inveja, quase o ódio, nos jovens entre si, e assim treiná-los para uma vida de luta feroz e egoísta por honrarias e prêmios, em vez de sentimento gentil.

E o que são esses exames – o terror da garotada e da juventude modernas? São simplesmente um método de classificação por meio do qual os resultados dos ensinamentos de sua escola são tabulados; em outras palavras; eles formam a principal aplicação do moderno método científico ao de intelecção. Ora, a "ciência" ensina que o intelecto é o resultado da interação mecânica da matéria cerebral; portanto, é lógico que a educação moderna deva ser quase totalmente mecânica – um tipo de máquina automática para a fabricação de intelecto às toneladas. Basta muito pouca experiência com os exames para mostrar que a educação que produzem é simplesmente o treinamento da memória física, e, mais cedo ou mais tarde, todas as suas escolas mergulharão neste nível.

Quanto a qualquer cultivo verdadeiro, saudável, do poder do pensamento e da razão, é simplesmente impossível enquanto tudo tiver de ser julgado pelos resultados, a partir de exames competitivos. Ademais, o treinamento escolar é da maior importância na formação do caráter, especialmente no que diz respeito à moral. Do primeiro ao último, seu sistema moderno está baseado nas assim chamadas revelações científicas: "a luta pela existência" e a "sobrevivência do mais forte". Ao longo do início de toda a vida, estas coisas são impostas a cada pessoa pelo exemplo e experiência prática, bem como pelo ensino direto, até que se torna impossível erradicar de sua mente a ideia desse "eu"; o eu inferior, pessoal, animal é o princípio e o fim da vida. Aqui você tem a grande fonte de toda miséria, crime e egoísmo cruel, que tanto você quanto eu admitimos. O egoísmo, como foi tantas vezes repetido, é a maldição da humanidade, e o pai prolífico de todos os males e crimes nesta vida; e suas escolas são os canteiros de tal egoísmo.

Um sistema educacional apropriado e saudável deve produzir uma mente mais vigorosa e liberal, treinada estritamente no pensamento lógico e exato, e não na fé cega. Como você pode esperar bons resultados, quando perverte a faculdade de raciocínio de seus filhos, fazendo-os acreditar nos milagres da *Bíblia* aos domingos, enquanto durante os outros seis dias da semana você lhes ensina que tais coisas são cientificamente impossíveis?

Se tivéssemos capital suficiente, fundaríamos escolas que se tornariam algo diferente daquelas que possuem alunos que morrem de fome mesmo sabendo ler e escrever. As crianças deveriam aprender acima de tudo autoconfiança, amor por todas as pessoas, altruísmo, caridade mútua, e mais do que qualquer outra coisa, pensar e raciocinar por si mesmas. Reduziríamos o trabalho puramente mecânico da memória a um mínimo absoluto, e devotaríamos tempo ao desenvolvimento e treinamento dos sentidos, das faculdades e capacidades latentes no interior de cada um. Nós nos esforçaríamos para lidar com cada criança como uma unidade, e educá-la de modo a promover o desabrochar mais harmonioso e equitativo de seus poderes, para que suas aptidões especiais encontrassem seu desenvolvimento pleno e natural.

Devemos almejar criar homens e mulheres livres, livres intelectualmente, livres moralmente, sem qualquer tipo de preconceitos, e acima de tudo, *altruístas*. E acreditamos que muita coisa, se não tudo isso, poderia ser obtido pela *educação apropriada e verdadeiramente teosófica.*

3

EDUCAÇÃO À LUZ DA TEOSOFIA

ANNIE BESANT

Os ensinamentos fundamentais da Teosofia alteram de tal maneira a visão que temos da criança, que se forja uma revolução nas relações da criança e os mais velhos. Anteriormente a considerávamos como uma alma nova saída das mãos de Deus, vestida num corpo fornecido por seus pais; ou como uma inteligência dependente do cérebro e da organização nervosa desenvolvida pelas leis da hereditariedade atuando através de inúmeras gerações no passado. Alguns pensavam que a mente da criança era uma página em branco na qual seu ambiente escrevia seu caráter, de modo que tudo dependia das influências que eram exercidas sobre ela do exterior; outros pensavam que ela trazia suas qualidades mentais e emocionais consigo através da hereditariedade, e só poderia ser levemente modificada a partir do exterior, já que "a natureza era mais forte do que a criação". De qualquer que fosse o ponto de vista, ela era praticamente uma nova consciência, uma nova criatura a ser treinada, disciplinada, orientada, coordenada , alguém sem experiência, vivendo num mundo que lhe é novo, no qual penetrou pela primeira vez.

A Criança: Uma Alma Imortal com Novos Corpos

A Teosofia colocou perante nós uma concepção da criança como um indivíduo imortal, nascendo entre nós após muitas centenas de nascimentos sobre a Terra, com experiências adquiridas através de muitas vidas, e forjadas através dela como faculdades e poderes, com um caráter que é a memória encarnada de seu passado, com uma receptividade que é limitada e condicionada pelo passado, e que determina sua resposta às impressões obtidas do exterior. Ela não mais é uma alma plástica, dúctil, nas mãos de seus pais, mas alguém a ser estudado, a ser compreendido, antes de poder ser eficazmente auxiliado. Seu corpo, verdadeiramente, é jovem, e ainda não está bem sob seu controle, um ser que mal deixou o reino animal; mas ela mesma pode ser mais velha do que seus pais e seus professores, pode ser mais sábia do que seus antepassados.

Para o teósofo cada criança é um estudo, e em vez de lhe impor sua própria vontade e supor que a idade e o tamanho do corpo dão-lhe o direito de ordenar e dominar, ele tenta descobrir, através do jovem corpo, as características do habitante do corpo, e entender o que o novo soberano imortal está buscando atingir em seu novo reino de carne. Ele se esforça para ajudar o soberano, e não usurpar seu trono, ser um conselheiro, e não um mestre. Ele sempre se lembra que cada Ego tem sua própria senda, seu próprio método, e o trata com terna reverência – meigo, por causa da juventude e da fraqueza do corpo, por causa da sacralidade do indivíduo, cujo império ninguém deve desrespeitar.

Ademais, o teósofo sabe que os novos corpos que vestem o espírito antigo e eterno, embora representem os resultados de sua corporificação passada, podem ser imensamente modificados pelas influências exercidas sobre eles no presente. O corpo astral contém germes de emoções boas e más, as sementes plantadas pelas experiências de vidas prévias; estes são germes, e não qualidades plenamente desenvolvidas, e podem ser nutridos ou atrofiados pelas influências que agem sobre eles. Um Ego que possui um corpo astral com germes de temperamento violento ou de falsidade pode ser auxiliado pela pacificidade e honestidade de seus professores, e esses germes, rebatidos por seus opostos, podem morrer por inanição. Alguém que tenha um corpo astral no qual haja germes de generosidade e benevolência pode fortalecê-los pela ação exercida sobre eles de virtudes semelhantes em seus pais. Assim, também o corpo mental possui os germes das faculdades mentais, que podem ser semelhantemente nutridos ou atrofiados. No Ego estão as qualidades ou as deficiências, e em seus átomos permanentes, as potencialidades materiais para os corpos.

O desenvolvimento e a modificação dos corpos astral e mental durante a infância e a juventude são – exceto na maioria excepcional de casos – muito dependentes das influências que os cercam; aqui entra o poderoso *karma* do ambiente gerado em seu passado, e as pesadas responsabilidades de seus antepassados; sendo todo o seu futuro neste nascimento amplamente determinado pelas influências exercidas sobre eles durante seus primeiros anos.

Primeiras Condições

Sabendo tudo isso, os pais teosóficos darão as boas-vindas ao Ego que chega, em suas novas vestimentas materiais, como um encargo sagrado e responsável confiado às suas mãos. Eles compreenderão que seus corpos jovens e plásticos são, em grande parte, dependentes deles para seu melhor desenvolvimento; do mesmo modo como diligentemente alimentam e cuidam do corpo físico, e o treinam com cuidado e escrúpulo, desenvolvendo os músculos com exercícios graduados e cuidadosamente adaptados, os sentidos com encorajamento para observar, os nervos com condições geralmente saudáveis e proteção cuidadosa contra todo tipo de conflito, tensão e choque; assim, eles cuidarão para que apenas emoções elevadas e puras, apenas pensamentos nobres e sublimes sejam permitidos atuar sobre os germes nos corpos astral e mental durante o muitíssimo importante período de formação. Eles lembrarão que qualquer vibração indesejável em seus próprios corpos astral e mental será imediatamente reproduzida no corpo da criança, e consequentemente compreenderão que não basta se reservarem quanto a palavras, expressões e gestos; também não devem pensar ou sentir de maneira indigna. Precisam diligentemente cuidar de proteger a criança de todas as influências grosseiras e vulgares e também daquelas que são diretamente perversas, e devem manter afastada dela toda companhia indesejada, tanto jovem quanto velha.

Estas são as primeiras condições óbvias com as quais os pais teosóficos devem cercar seu filho. De certo modo, eles são protetores e negativos. Vejamos a seguir qual deve ser o ambiente educativo e positivo no lar. Há muitas coisas nas quais geralmente não se pensa, mas que são muito desejáveis e ao alcance da maioria.

O Lar e a Beleza

O lar, e especialmente o quarto da criança, devem ser tão belos quanto possível. A beleza é muito mais uma questão de gosto refinado do que de riqueza, e a simplicidade e a conveniência desempenham papel mais importante do que complexidade e valor monetário. Os aposentos devem ter pouca mobília, mas o que houver deve ser útil e de boa qualidade; paredes de uma só cor, com, caso seja necessário, frisos e rodapés bem desenhados e coloridos; um objeto simples e verdadeiramente belo – seja um vaso bem moldado, ou a estampa de uma nobre pintura – sobre o qual o olho possa repousar e sentir inspiração; num país frio, uma tapeçaria pequena, bem escolhida; alguns ramos de flores – não necessariamente um buquê; as cadeiras, mesas e sofás necessários, bem moldados e graciosos, suficientes para uso e conforto, sem ocupar todo o espaço disponível; um aposento assim fará brotar um senso de beleza na criança e treinará e refinará seu gosto. Todos os utensílios usados na casa devem ser belos e adaptados à finalidade a que servem; talheres e louça devem ser escolhidos pelo brilho e cor, e os vasos devem ser bem moldados e cuidadosamente guardados. O que os camponeses gregos e egípcios faziam no passado, o que o camponês indiano faz atualmente, não consegue exceder o poder das classes média e operária do Ocidente.

Deve-se compreender que a beleza é uma condição essencial da vida humana, e aquilo que a Natureza faz pelo animal e pelo selvagem, o homem civilizado deve fazer para si próprio. E que os pais lembrem-se de que o melhor que tiverem deve ser dado à criança, pois o ambiente em que vive está moldando os instrumentos que ela deve usar ao longo de toda sua vida. Se houver um quarto para o bebê, não se deve pendurar quadros grosseiros e baratos, tais como refugos artísticos da família; deve-se colocar algumas boas gravuras e quadros bem coloridos, retratos ou estatuetas de homens verdadeiramente grandes, cujas histórias podem ser contadas no crepúsculo aos pequeninos; quadros de nobres ações, a serem contadas veementemente com palavras inspiradoras; essas coisas se imprimirão na jovem memória cerebral e jamais serão esquecidas, vivificarão os germes de nobres ações, de aspirações e pensamentos elevados.

Amor e Ternura

Deveria ser, mas infelizmente não é desnecessário dizer que toda a atmosfera que cerca a criança deve estar plena de amor afetuoso e ternura. Todas as boas coisas crescem, todas as coisas ruins fenecem, numa atmosfera de amor. Se o bebê nasce num ambiente amoroso, cercado de amor, se a criança é nutrida com amor, o jovem será gentil, obediente, confiante. Se o castigo não existir no lar, jamais será "necessário" na escola. Palavras rudes, repreensões, culpabilidades apressadas – são erros que os pais evocam e que desenvolvem imperfeições na criança. Conquiste-se o amor e a confiança da criança – e estas coisas os pais terão como parte da natureza da criança se nada fizerem para repeli-los – e pode-se burilá-la da melhor maneira possível. Somente o amor é apropriado para educar, apropriado para ser confiado aos corpos frágeis nos quais o Ego deve passar esta vida. Com quanto anseio o Ego busca o auxílio dos mais velhos para estes seus corpos, aquela ajuda de que tanto precisa, e que ele pode, nos primeiros anos, tão pouco fazer para supri-la. Como é amargo seu desapontamento quando é ferido e prejudicado física, emocional e mentalmente.

Somente o amor dará a compreensão que é como o pão da vida para a criança. Suas fantasias nascentes, suas vacilações em direção ao novo mundo, sua confusão entre impressões físicas e astrais, suas perplexidades com os sentidos não treinados, o senso de pressão de um enorme desconhecido sobre o seu corpo frágil e pequeno, as incompreensíveis idas e vindas de gigantes aparentemente irresponsáveis à sua volta – todos estes enigmas da vida envolvem-na, ela sente-se um estranho numa terra estranha. Certamente que esses pequeninos têm o direito à mais terna compaixão, enquanto seguem através dos primeiros estágios da nova vida na Terra, e tentam moldar-se em seu novo ambiente.

Estude a Criança: Dê-Lhe Liberdade

A criança deve ser estudada: seus pais devem buscar conhecer seus pontos fortes e suas fraquezas, descobrir o objetivo e o propósito do Ego neste novo estágio de sua peregrinação. Ela, portanto, não deve ser coagida, salvo onde a restrição se faça necessária para evitar que ela ignorantemente prejudique seus corpos, e deve ser encorajada a se expressar livremente para que possa ser estudada e compreendida. A criança que é constantemente reprimida sempre usa uma máscara e se afasta de seus pais, que continuam a cometer erros, inconscientes da real natureza de seu filho/filha. Metade das admoestações dirigidas a muitas crianças por pais bem-intencionados forma uma corrente de "Nãos", ilógicos e desnecessários. A obediência é inculcada segundo a vontade dos pais, e não segundo princípios vitais para o bem-estar da criança, dos quais os pais são porta-vozes temporários de seus filhos no que diz respeito ao dever e à necessidade de obediência, lançando assim as bases da retidão religiosa, moral e cívica. Por outro lado, a autoridade arbitrária, sujeita aos caprichos e às fantasias de pais irresponsáveis, utilizando-se do argumento: "Porque eu quero assim" – essas coisas destroem na criança o inestimável respeito pela autoridade legítima que é nutrida e fortalecida quando utilizada a forma anteriormente mencionada.

O estudo da criança deve ajudar os pais quanto ao ideal geral de sua futura vocação, e portanto da educação que deve prepará-la para o desempenho da mesma. Eles devem estudar suas faculdades, suas inclinações e temperamentos com esmerada assiduidade. É importante utilizar o conhecimento que pode ser colocado à sua disposição por um astrólogo bem equipado, que lhes possa indicar as amplas perspectivas de caráter e a tendência geral da vida. Este estudo deve permitir-lhes chegar à decisão sobre a qual a própria criança possa ser consultada antes da especialização ser levada adiante.

Verdades e Hábitos Básicos

A educação dada no lar deve incluir as verdades básicas da religião em sua forma mais simples; a vida una, a reencarnação, o *karma*, os três mundos e seus habitantes. As lições de ética devem ser baseadas nessas coisas, e dadas sob a forma de histórias de grandes homens e mulheres, daqueles que mostraram as virtudes que a criança pode tentar igualar, com frases curtas e incisivas das Escrituras do Mundo, abastecendo, deste modo, a memória com material valioso. Estas verdades básicas devem ser tomadas como certas e insinuadas constantemente, não didaticamente ensinadas.

Boas maneiras precisam ser cuidadosamente ensinadas – cortesia para com os inferiores, respeito e deferência para com os superiores; a lição deve ser ensinada pelas boas maneiras dos mais velhos, pois a criança tratada com gentileza instintivamente se tornará cortês.

Bons hábitos físicos de limpeza e ordem devem ser impressos na criança, e ensinado o modo correto de respirar; deveres sanitários devem ser observados ao levantar, e após o banho matinal, alguns minutos serem dedicados à prática da respiração. Então é chegada a hora do culto diário, incluindo um versículo sobre a Vida Una, agradecimento aos ancestrais, aos trabalhadores que suprem as necessidades diárias, aos animais que nos servem, como a repetição de uma promessa tal como a da "Escada de Ouro[3]". Depois alguns exercícios físicos,

---

[3] Vida limpa, mente aberta, coração puro, intelecto ardente, clara percepção espiritual, afeto fraternal para com seu codiscípulo, presteza para dar conselho e instrução, leal senso de dever para com o Instrutor, pronta obediên-

preferivelmente sem aparelhos, para o fortalecimento dos músculos. A seguir o café da manhã com leite, pão e frutas, embora algumas crianças possam tomar uma xícara de leite após o banho e depois fazer os exercícios respiratórios.

Os Primeiros Sete Anos

A educação no lar durante os primeiros sete anos de vida não deve, depois de iniciado o dia, conforme acima descrito, trazer estresse à inteligência da criança; ela deve, tanto quanto possível, permanecer ao ar livre, observando os hábitos de plantas, insetos, pássaros e animais, e sendo encorajada a praticar jardinagem, a brincar com os animais. Suas lições devem ser muito curtas e coloquiais, a maior parte sobre objetos e quadros, e devem incluir decorar frases sucintas e poemas breves. Exercícios físicos e jogos cuidadosamente graduados para fortalecer e tornar o corpo flexível e gracioso devem ser alternados com lições descontraídas. Estes são aqueles anos nos quais devem ser lançadas as bases de uma maturidade forte, bela e saudável. O alimento deve ser simples e nutritivo – leite, cereais, frutas, tudo que desenvolva e que não excite; não se deve alimentar a crian-

---

cia aos preceitos da VERDADE, uma vez que nela pusemos nossa confiança e cremos que o Instrutor a possui; corajoso suportar das injustiças pessoais, destemida declaração de princípios, valente defesa daqueles que são injustamente atacados, e mira constante no ideal de progresso e perfeição humanos, que a Ciência Secreta revela - esta é a Escada de Ouro, cujos degraus pode o Aspirante galgar até o Templo da Sabedoria Divina. Blavatsky, Helena Petrovna (N.E.)

ça com carnes, cebolas, ou outros produtos alimentícios grosseiros.

Este período da vida da criança é aquele no qual a fantasia e a imaginação estão a pleno vapor, e devem ser encorajadas, não reprimidas. O "faz de conta" da criança é útil para ela e instrutivo para seus pais que estão buscando compreendê-la. Como observou sabiamente o Dr. Steiner, os atuais brinquedos mecânicos e aperfeiçoados não são tão educativos para a criança quanto os brinquedos mais rústicos que são um mero símbolo, com o qual ela veste sua imaginação. O brinquedo a ajuda no "faz de conta", e este é o seu verdadeiro valor; ela devaneia em relação à vida e à realidade. Deve-se ler para ela os contos de fada, até que consiga lê-los sozinha; todas as coisas devem ser vivas para ela – como na realidade o são, se os pais a deixarem a sós e não transformarem seus castelos de areia em refugo; a luz dos outros mundos ainda não se apagou para ela; permita-se que ela se divirta com eles enquanto pode.

Dos Sete Aos Quatorze Anos

A partir do sétimo ano, deve ter início um estudo mais sério, e se for organizado e ministrado de forma correta, será uma alegria, e não um fardo, para a criança. Mesmo que ela vá para a escola mais tarde, seria bom mantê-la, se possível, pelo menos outros dois ou três anos em casa; ela terá aprendido a ler nos anos anteriores; a escrita, após ter aprendido a forma das letras, é melhor praticada copiando de maneira lenta e correta trechos escolhidos pela beleza e simplicidade, aprendendo, desta maneira, e conjuntamente, a escrever e a soletrar com elegância. À medida que a sua escrita se tornar mais fácil, ela pode em um dia escrever sem o livro tanto quanto consiga lembrar-se do que copiou no dia anterior. Isso pode ser alternado com cartas, escritas por ela mesma, nas quais deve descrever um passeio, com tudo que viu, um jogo, um evento no lar, qualquer coisa que tenha despertado seu interesse. História, ensinadas em historietas; Geografia, ensinada em viagens e mapas tipo quebra-cabeça; Aritmética, ensinada nos afazeres diários do lar; todas estas coisas serão um deleite, se corretamente ensinadas.

O Professor e o Aluno

Mas o professor deve amar o aluno, deve ser paciente, meigo, atento ao modo de ser da criança, jamais grosseiro, jamais se precipitando com as palavras, orientando por meio do amor e da gentil persuasão, jamais pela força. É algo medíocre, ruim e grosseiro para um corpo grande e forte tomar vantagem de sua superioridade física para aterrorizar e infligir sofrimento ao corpo pequeno e frágil de uma criança. Ademais, um ser humano infringir dor a outro, com o objetivo de causar sofrimento, é crime; está errado, em princípio, pois é uma violação da lei de inofensividade (*ahimsā,* em sânscrito); e pessoas boas que fazem isso estão hipnotizadas pelo costume antigo e danoso da cegueira moral a esse respeito.

A criança que é castigada com violência é moralmente prejudicada, além de fisicamente ferida e assustada. Ela aprende que infligir dor ao outro é a maneira apropriada de mostrar insatisfação com alguém mais fraco do que ela mesma, e pode tornar-se uma atormentadora de crianças menores. Seu ressentimento obscurece qualquer senso possível que pudesse ter de suas próprias más ações, e as sementes da vingança são plantadas em seu coração. Se for naturalmente sensível à dor, torna-se desonesta, para que uma falha não lhe cause um golpe. A mentira, na criança, cresce por falta de compreensão ou por medo, e o castigo primeiramente desnorteia, e depois aumenta o medo.

Em grande parte, os deslizes da criança podem ser curados pelas virtudes opostas em seus pais, e pelo fato de eles lhe mostrarem respeito e confiança. Devem ter por certo que a criança fez o melhor, aceitando sua palavra incondicionalmente e tratando-a com honra. Se ela erra, o erro deve ser-lhe explicado cuidadosamente na primeira vez sem culpá-la: "Tenho certeza de que você não fará isto novamente, já que agora você compreende". Em caso de repetição, o erro deve ser encarado com uma expressão de surpresa, de tristeza, de esperança renovada que isso não acontecerá novamente. O autorrespeito da criança jamais deve ser ultrajado; mesmo que ela minta, deve-se confiar nela repetidamente até que se torne veraz, podendo dizer a ela: "Você deve estar cometendo um equívoco; você não iria mentir para mim quando sabe que eu acredito em você".

O Trabalho Prático

Cozinhar, cuidar da casa e trabalhar com jardinagem devem fazer parte da educação da criança dos sete aos quatorze anos; ela pode aprender carpintaria doméstica, pregar um prego sem danificar a parede, dar vários tipos de nós, fazer embrulhos bem-amarrados, usar os dedos com destreza e habilidade. Deve aprender a ajudar, a servir, e ficar contente em ajudar – como ela costuma ser naturalmente.

Se os pais têm recursos para que ela estude em casa, ou se um grupo de famílias puder combinar para as lições serem ministradas em casa, até a idade de quatorze anos, seria melhor do que enviar a criança à escola. Meninos e meninas poderiam aprender e brincar juntos num tal círculo familiar, e seria muito melhor, pois as influências do lar estariam constantemente ao seu redor.

Durante estes sete anos é importante que a criança aprenda a nadar, remar, andar de bicicleta, correr, pular, jogar futebol, voleibol, tênis. Com relação à Leitura, Escrita, Aritmética, História, Geografia – devem ser ensinadas como foi colocado anteriormente. A partir dos 11 anos, é necessário acrescentar alguns estudos científicos simples, de maneira prática, em que ela possa realizar alguns experimentos simples, a partir deste aprendizado, já que não pode aprender de outra fonte a inviolabilidade da lei natural. Durante a última parte deste segundo período de sete anos, é fundamental que a vocação da criança esteja estabelecida, dando o peso devido às suas próprias ideias, e ela deve ser enconrajada a expressá-las livremente, para que a partir dos quatorze anos possa especializar-se ao longo de linhas definidas e preparar-se para o trabalho no mundo.

Especialização

Assim, os primeiros sete anos precisam ser gastos no desenvolvimento saudável, na formação de bons hábitos, e em instilar os ideais religiosos e morais que deverão governar a vida; estes anos são os mais receptivos, e indeléveis as impressões causadas durante eles. Os outros sete anos devem ser gastos no treinamento de corpo e mente, na aquisição de conhecimento geral que toda pessoa culta e bem-educada deve possuir, como base para estudo subsequente. Após os quatorze anos, o jovem deve especializar-se em algo, e é para esta questão que nos voltamos agora.

Se os pais ou professores do menino ou menina forem merecedores de sua posição responsável, eles terão observado as qualidades e capacidades florescentes da criança, terão notado suas predileções conforme mostradas tanto no estudo quanto na diversão, ter-lhe-ão encorajado a falar livremente de suas esperanças e desejos, e assim terão chegado a um ponto de vista bastante definido quanto à linha de atividade que deve combinar com o futuro adulto.

À medida que o/a jovem se aproxima da idade de 14 anos, devem ser debatidas as várias possibilidades abertas a ele/ela, explicando-lhe quaisquer vantagens ou desvantagens que ela não veja, conciliando e orientando, mas não coagindo seu julgamento. Via de regra a criança aceitaria de pronto o conselho dos pais, se baseado num estudo cuidadoso das aptidões e tendências da criança, e será bom depender do julgamento mais maduro dos pais. Mas vez por outra se descobrirá uma criança genial ou de talento definido que, mesmo com a tenra idade do corpo, sabe o que quer fazer, e fala decisivamente de seu trabalho futuro. Com uma criança assim, é dever dos pais colaborar para levar a cabo seu ideal.

Uma vez escolhida a carreira, o ensino deve então ser especializado com o intuito de prepará-la; evitando-se a cansativa perda de tempo e disposição mental que surge da falta de um objetivo reconhecido para o qual a educação deva ser direcionada.

Poucos pais, comparativamente, têm meios de fornecer instrução especializada em casa, e nesse estágio geralmente será preciso que o estudante vá para um colégio. Aqueles que se propõem a ir para uma das universidades mais antigas, escolhendo a área de humanas como linha de estudo, e a Teologia, o Direito, a Literatura, a Educação, o Serviço Público, a Política, ou a Diplomacia, como carreira, farão bem em frequentar as classes superiores de uma boa escola e daí seguir para a universidade, aprendendo nesses pequenos mundos algo das variedades da natureza humana, algo das qualidades necessárias para a liderança entre os homens, algo dos motivos que balançam as mentes comuns. O menino que passou os primeiros quatorze anos de sua vida sob as influências e o treinamento já descritos deve ser capaz de atravessar ileso o lado pior da vida na escola pública, e manter-se inabalado sobre os princípios que assimilou.

Meninos que escolhem outros caminhos na vida, que querem se tornar médicos, professores, cientistas, ao longo de qualquer linha, negociantes dignos ou aplicados, organizadores diligentes – estes devem ir para escolas com departamentos que lidem com cada uma dessas coisas, ou com algumas delas, de um modo preparatório, e passar destas para uma universidade boa e moderna para concluir seus estudos.

Universidades Reais e Ideais

Nada, no entanto, pode ser pior moral e fisicamente para os jovens do que viver em grandes cidades nas quais estas universidades infelizmente estão localizadas. Seria muito bom se eles pudessem mudar-se para o campo, ao ar livre, em meio a um ambiente circundante puro e belo. Ademais, este estágio é imperativamente necessário, pois pureza e beleza são essenciais para o reto desenvolvimento tanto do corpo quanto da mente, e a atmosfera viciada, com ruas imundas e sórdidas das grandes cidades modernas são prejudiciais para os jovens que nelas vivem.

Se um filantropo milionário possuísse conhecimento teosófico, construiria e dotaria uma escola e uma universidade modelo, adaptadas para o treinamento de estudantes que estejam se preparando para as caminhadas na vida, conforme mencionamos acima, escolhendo uma das muitas belas localidades na Inglaterra ou em Gales como sede, construindo edifícios belos e úteis, e assegurando para a posteridade algumas centenas de acres de área de parque com gramados, árvores e terra cultivada ao redor; assim ele construiria para si um nome digno de louvor, além de conferir benefício incalculável ao país.

Acima de tudo, seria muito útil se um teósofo fosse diretor de um Hospital e de uma Escola de Medicina, onde pudessem ser treinados alguns médicos do futuro, livres de todas as abominações que atualmente cercam a preparação para esta nobre profissão, onde os estudantes aprendessem a arte de curar e não a arte de combinar venenos, onde estudassem mais diligentemente a preservação da saúde do que a cura da doença.

Meninas com Mais de 14 Anos

As necessidades das meninas devem ser atendidas em externatos de primeira classe nos municípios interioranos, e em internatos no campo para as filhas de pais fadados a viver nas cidades. Nessas escolas não se deve dar apenas treinamento literário; economia doméstica – incluindo arte culinária tanto para os saudáveis quanto para os doentes – as leis da higiene e do saneamento, primeiros socorros, medicina doméstica e o cuidado em doenças simples, cuidar de crianças pequenas, instrução sobre alguma forma de arte através da qual a natureza possa expressar-se em beleza – essas coisas são partes essenciais da educação feminina. De uma escola assim, depois de quatro ou cinco anos, a aluna deve seguir para uma universidade, esteja ela querendo seguir magistério ou literatura como profissão, ou preferindo viver como dona de casa. De uma escola assim, após um curso de dois ou três anos, ela poderia seguir para estudar Medicina ou Enfermagem, Ciência ou Comércio, se escolher algumas dessas como profissão, ou Arte – Pintura, Música, Escultura, Teatro – se ela tiver talento verdadeiro em qualquer uma dessas disciplinas; o tema escolhido deve ser buscado numa universidade assim, como acima descrito, tendo residências reservadas para os estudantes no local.

O Ambiente Campestre

Estar longe das cidades em meio ao ambiente do campo é algo bastante necessário para a vida jovem. Somente assim pode ela crescer saudável, forte e pura.

Ademais, o campo oferece oportunidades para o cultivo do amor à Natureza, que desenvolve a ternura e o poder de observação. Tanto meninos quanto meninas devem ser encorajados a estudar os animais, as aves e plantas; devem rastreá-los até seus esconderijos e observá-los, aprender seus hábitos e modos de agir, fotografá-los enquanto brincam e trabalham – divertimentos muito mais atrativos do que assustá-los ou matá-los. As meninas devem aprender muitas lições sobre como cuidar de doentes e crianças nos lares próximos da escola; os meninos devem aprender muitas lições sobre o uso habilidoso da terra, dos métodos de agricultura, do trabalho com madeira, e do treinamento de animais domésticos.

Atualmente, é quase impossível para o teósofo evitar de utilizar as escolas e faculdades, como as que existem para a educação de alunos com mais de quatorze anos, embora brevemente se pretenda fazer uma tentativa para encontrar uma escola ou universidade modelo, como sugerido para aqueles que não desejem seguir uma das carreiras inicialmente citadas. Mas se os primeiros quatorze anos tiverem sido bem-despendidos, esta necessidade não os afetará tão seriamente. Para aqueles que venham a adotar uma das carreiras do primeiro grupo, o caminho é mais fácil, pois as grandes escolas públicas e as universidades mais antigas estão distantes do ruído e do tumulto das cidades, e dominam completamente a atmosfera de várias localidades.

Sugestões para uma Escola

Se for necessário ou de algum modo desejável – como às vezes acontece – enviar uma criança para um internato antes de completar quatorze anos, então parece haver grande necessidade de estabelecer uma escola para crianças de sete a quatorze anos, em consonância com as ideias teosóficas.

Deve estar situada numa parte aprazível do país, onde toda a ambientação despertará o senso de beleza nas crianças, e onde a saúde será sua condição normal. As sugestões quanto à beleza do lar devem ser praticadas ao se escolher quadros, para que possam estimular todos, levando a histórias inspiradoras. Quadros dos fundadores de grandes religiões podem ser pendurados num aposento reservado para o início e o fim de cada dia, com uma canção e uma grata homenagem aos Santos e Guardiões do mundo, e o reverente reconhecimento da Vida Una na qual vivemos, nos movemos e temos nossos ser. Esse aposento deve ser o mais belo da casa, e pleno de pensamentos pacíficos e alegres.

O alimento numa escola assim deve ser simples e não excitante, porém nutritivo e palatável, para que os jovens corpos possam crescer fortes e vigorosos; certamente que não deve haver qualquer tipo de carne no cardápio, pois as crianças aprenderão a ternura para com todas as criaturas sencientes; leite, frutos, cereais e legumes fornecerão uma dieta variada e ampla, e não embrutecerão os jovens corpos.

O ensino deve ser sobre as linhas já traçadas, e os professores escolhidos de maneira bem cuidadosa, para que busquem ser amigos dos jovens. Devem ser aplicados na escola os princípios previamente estabelecidos para o treinamento das crianças no lar.

Após os quatorze anos, os estudantes passarão para os cursos especializados já descritos, preparando-se assim para o trabalho no mundo externo.

4

A EDUCAÇÃO TEOSÓFICA

N. SRI RAM

Aquilo que chamamos de Educação Teosófica deve ser educação no verdadeiro sentido, não o ato de inculcar algumas ideias que podemos rotular como Teosofia. Antes de tudo, deve-se compreender que educação é principalmente a educação do indivíduo, e não instrução sobre algum assunto ou ensino de alguma técnica, embora essas coisas possam ser muito necessárias, e devam ocorrer. Não é tanto comunicar algo de fora quanto extrair o que esteja no interior; as capacidades que já estão no Ego ou na alma, favorecendo o processo de seu crescimento e desenvolvimento naturais em sua nova manifestação num período quando tal ajuda é muitíssimo necessária.

A educação tem de se tornar parte do processo de expansão da vida, que se dá sempre a partir do interior. Pelo fato de a criança não estar solidificada, mas sim maleável, e não ter atingido nenhum grau de autopercepção, torna-se extremamente importante que qualquer ensinamento, instrução ou treinamento deva ser dado de maneira agradável e que não viole seu crescimento natural. A vida sempre busca expandir-se, implementar suas capacidades inatas, além de estender seus contatos com o mundo externo, aprendendo a superar as dificuldades que são apresentadas no seu contato com os fatos do mundo. Este esforço começa com o nascimento, se não mesmo antes. E devemos ter em mente o fato de que o fenômeno de expansão começa com uma natureza que é incondicionada, e, portanto, extremamente plástica, que não é autoperceptiva, portanto facilmente distorcida, afetada não apenas por ações tangíveis, intencionalmente exercendo pressão sobre ela, mas também por toda influência sutil, o apelo de tudo dentro do alcance de sua consciência, a ondulação de todo incidente que ocorre em seu ambiente. As impressões jorram o tempo todo sobre a entidade em crescimento e são registradas em sua consciência e também em sua mente subconsciente, que é mais sensível do que imaginamos, e, portanto, afetada pelo pensamento e sentimento daqueles com quem entra em contato. Embora este seja o caso total com a criança, é também, embora cada vez menos, com o menino ou a menina adolescente.

Parece-me que, embora o ambiente seja de grande importância, mais importante para a criança é a pessoa mais próxima, que cuida dela, primeiramente a mãe, depois o pai, e o professor; porque a pessoa de quem a criança depende pode ajudá-la não somente a fazer o melhor em qualquer ambiente em que esteja, e em certa medida até mesmo alterar sua importância. Pode ser um ambiente no qual haja muito sofrimento, mas se a influência exercida sobre a criança é do tipo correto e suficientemente decisiva, mesmo esse sofrimento pode tornar-se o meio de evocar na criança um sentimento de compaixão e simpatia. Se, por outro lado, tudo ao redor da criança é feliz, belo e agradável, então essas condições devem ser usadas não para tornar a criança comodista e egoísta, mas para nutrir certos outros desenvolvimentos possíveis nesse ambiente. Quase qualquer coisa pode tornar-se boa do ponto de vista do desenvolvimento pessoal se o indivíduo souber como fazê-lo. A compreensão de que certas coisas não são boas, de que devem ser diferentes ou não devem existir, produz uma mudança na consciência pessoal e desenvolve a vontade e a capacidade de mudá-las. Portanto, o professor deve ser uma pessoa que tenha uma compreensão total e cuja natureza, inclusive seus pensamentos, emoções e sentimentos, habilitem-no a ser útil à criança em todos os momentos. Um homem ou mulher assim não é fácil de encontrar. Podemos buscar em todos os lugares, de ponta a ponta; seria mais difícil encontrar um professor assim do que encontrar uma pedra preciosa no chão que normalmente pisamos. Portanto, só podemos fazer o melhor nas circunstâncias existentes. Podemos pelo menos tentar entender o que um professor deve ser, e procurar pessoas que se aproximem desse perfil.

O professor não deve ser uma pessoa que se senta numa grande cadeira e maneja uma bengala ou mesmo que tenha uma língua afiada, devendo ser um companheiro no verdadeiro sentido e orientar a criança em suas capacidades. Ele deve crescer internamente com a criança, começando com a compreensão da criança, penetrando seus problemas e enxergando o mundo através de seus olhos. Deve ter a capacidade de se devotar à criança. O professor e ou o pai precisam ter uma relação muito próxima com a criança, pois uma instrução mecânica só conseguirá abreviar superficialmente o abismo entre eles, seja deixando a criança com seus próprios problemas e artifícios em questões vitais, ou se o medo e a autoridade ocuparem o lugar da orientação amorosa, produzindo complexos que tornam toda sua vida mais difícil do que precisa ser.

Eu não acredito que para evocar o respeito seja necessário manter-se indiferente num tipo de condição superior e poderosa, inacessível aos outros. O verdadeiro respeito é não apenas compatível com a afeição, como também é um ingrediente necessário. Sem um pouco de compreensão, que somente uma relação livre e natural pode produzir, não pode haver respeito genuíno. Pode haver uma forma de respeito, uma conduta comedida, mas isto é nada mais que fingimento, ou seja, vestir uma máscara. O tipo de respeito que surge do medo alimenta a aversão, e sempre se odeia a pessoa a quem se teme.

O ambiente para o crescimento da criança tem de ser o melhor possível para o propósito. O objetivo deve ser extrair de cada criança – e é este o significado da palavra educação – as melhores qualidades e capacidades nela presentes, e não encorajar quaisquer fraquezas ou vícios que ela possa ter em estado germinal. Cada um de nós tem certas tendências latentes que surgem, dado o devido encorajamento, e é notável quão pouco basta para fazê-los surgir. Às vezes uma criança, criada numa família e num lar muito bons, sofre influências favoráveis, desenvolve-se de um modo peculiar por causa de certas tendências fortes nela para as quais não deveria haver muito encorajamento nesse ambiente. Todavia, deve ter havido alguma causa provocante. Se não há solo fértil para a semente, ela simplesmente não brota.

Se tudo que há de bom na criança é fortalecido tanto quanto possível nos seus primeiros anos, posteriormente ela poderá, quando seguir para o mundo onde as influências são múltiplas, enfrentar quaisquer malefícios com sua força já desenvolvida. Isto não quer dizer que a criança deva ser mantida completamente isolada dos fatos da vida e educada num palácio de ilusão; não pode ser bom para ninguém ser tão protegido assim, e posteriormente ter uma vida tão suave e fácil que seja incapaz de lidar com seus problemas; para ela isso não teria utilidade alguma. Mas assim como o feto no ventre ou o rebento tenro exige uma certa proteção contra influências adversas, igualmente a criança, em sua impotência física e em sua ignorância, precisa ser protegida e treinada com cuidado.

Parece haver uma teoria de que a criança deve ser deixada completamente livre para fazer o que queira, e que aprenderá pela experiência. Mas não se deveria dizer à criança para não mergulhar em águas profundas sem aprender a nadar, ou não correr atrás de uma cobra venenosa? Deve-se dar à criança o benefício da experiência de outras pessoas pelo menos até esse ponto. Se em nome da liberdade a criança tem de ser deixada a vagar pelas ruas, e aprender por si mesma, ela não desenvolverá nem mesmo a capacidade necessária para se proteger e manter essa liberdade. Ela provavelmente logo sucumbirá a tais influências das quais, mesmo que seja virtuosa por natureza, irá levar muito tempo para se recuperar.

Enquanto a planta ainda é delicada, se for exposta a rajadas de vento e a mudanças climáticas, que não consegue suportar ou a que seja incapaz de se adaptar, ela certamente não pode transformar-se numa árvore forte e robusta; a batalha, se houvesse, estaria perdida antes de começar. Haverá posteriormente para o menino ou a menina muitas ocasiões para atacar os problemas da vida, mas primeiramente o jovem tem de estar preparado para enfrentá-los.

Educar o menino ou a menina não é deixá-los aprender tudo por si mesmo a partir do zero, como um moderno Robinson Crusoé. A educação tem de ser um processo de lhe ajudar a ultrapassar rapidamente todos os estágios que já foram passados no crescimento do conhecimento, e que lhe permita seguir adiante por si mesmo a partir desse ponto. Um pouco de instrução e orientação enquanto o cérebro está crescendo obviamente fornece um melhor início para as descobertas pessoais.

Quais devem ser as principais características da educação nos primeiros anos, quando a alma, o ser interno – certamente que a alma não é nem homem nem mulher – está só gradualmente assumindo o controle de seus veículos e se acostumando com o mundo à sua volta? O que lhe ajudaria não apenas a se ajustar ao mundo externo, mas também a fazer melhor uso das condições nas quais chegou? Obviamente que as influências que cercam a nova entidade, nova para todos os propósitos, devem ser vitais, estimulantes e saudáveis. O quarto, a sala de aula ou o lar devem ser coloridos, e não desbotados ou desinteressantes. É preciso verificar cuidadosamente como cercar a criança com as coisas que irão atraí-la e fazer brotar sua inteligência, sua suave compaixão; e tudo que é de melhor em sua natureza requer ser cuidadosamente considerado.

Não pode haver nada mais útil para qualquer ser humano do que as influências da Natureza, as árvores, as flores, a água corrente, etc., e a criança tem um interesse natural por qualquer coisa que seja viva – insetos, pássaros e animais. O valor de um ambiente natural e de contatos naturais assim não pode ser subestimado.

A educação como um processo total jamais pode ser reduzida a um sistema de regras e princípios, e tem de ser tanto uma arte a ser desenvolvida dia após dia quanto é uma ciência. A arte não consiste apenas, ou mesmo principalmente, de técnica; é preciso mais do que uma técnica perfeita para fazer o verdadeiro artista, seja ele um criador de música ou de qualquer outro tipo de beleza, como por exemplo, a planta humana da qual se ocupa o horticultor. Portanto, o educador tem de conhecer coisas tais como o tipo de alimento que é bom para a criança, a importância do ar fresco, da luz do sol, etc. Mas além de tudo isso, ele precisa ter um *insight* quanto à natureza da criança, para compreender como a mente da criança está se movendo para fora rumo aos objetos de seu ambiente, e como ela está sendo afetada por eles.

Eu não sei se todos nós compreendemos como é inibidor e até mesmo deformador o medo de qualquer espécie. Mesmo que haja algo indesejável na criança, que tenha de ser eliminado, o melhor método é explorar e convencer a criança de que esse algo é indesejável. O processo de crescimento é um processo de tornar evidente o que está no interior, não é autoexpressão no sentido comum, porque isso geralmente tem um ingrediente de vaidade ou presunção, mas a expressão do que quer que esteja dentro do indivíduo esperando para se expressar, suas qualidades inatas, seu gênio e talento, que só é possível numa atmosfera livre.

O professor deve adaptar-se ao crescimento da criança, enfrentando os processos desse crescimento exatamente naqueles pontos onde é necessário auxílio, instrução e orientação. Ele tem de vigiar, observar e esperar o momento psicológico quando o auxílio necessário pode ser dado. Certamente que isso é muito mais fácil de dizer do que de fazer, e exige paciência e amor para com a criança, sem os quais é difícil alcançar qualquer sucesso na tarefa.

A criança certamente tem uma natureza tripla, de corpo, emoções e mente, e está relacionada a tudo à sua volta nesses três níveis. Cada um destes aspectos tem de ser ajudado a crescer e a se expandir de um modo natural sem qualquer distorção. Moldar a criança segundo o desejo pessoal do educador é transformá-la numa imagem não natural, que não corresponde ao que ela mesma é internamente como uma alma ou Ego único.

Nos primeiros anos, talvez o crescimento e o controle do corpo sejam os que mais exijam atenção. De qualquer modo, esta é a principal coisa que acontece, embora a mente e as emoções comecem também a se desenvolver. Não é preciso dizer que a criança deve ser nutrida bem e de maneira apropriada, que o corpo não deve ser negligenciado. A natureza física do ser humano é a base para experiência e ação neste mundo, e é tanto uma vestimenta da alma quanto o são outros aspectos de seu ser. O domínio do corpo físico, sua perfeita adaptação e uso de maneiras que sejam graciosas e naturalmente expressivas irão torná-lo um instrumento apropriado para uso do Ego espiritual interior. A criança deve ser auxiliada a atingir um certo autocontrole, aprender boas maneiras na relação com os outros, e coordenar seus movimentos. Ela deve ser ensinada a manobrar o seu corpo com graça e facilidade, e a gostar de assim agir.

A criança tem de aprender, desde pequenina, a se manter limpa de todas as maneiras. É muito difícil ensinar noções de limpeza a uma pessoa adulta. Ela pode ter certos hábitos que sejam desagradáveis, mas como se pode falar com ela a respeito deles? Mas no estágio infantil, os pais e o professor podem conversar com ela a respeito de qualquer coisa; portanto, é nesse estágio que a pessoa deve ser ensinada a ser limpa de todas as maneiras, em cada recanto de seu corpo.

Depois deve haver o treinamento dos sentidos, incluindo a percepção de matizes de cor e som. Não pensamos neste tipo de treinamento como sendo importante, exceto para artistas, mas todo indivíduo tem uma certa capacidade de perceber matizes de diferenças de cor, som, forma, etc., que infelizmente não se busca desenvolver. Quando soa uma nota, ela deve ser capaz de reconhecer sua diferença das outras notas e seu lugar na escala de notas. Uma maneira de entrar em contato com a vida na Natureza é ouvir seus sons. Se você buscar um sentido após outro, particularmente os sentidos de tato, visão e audição, descobrirá que cada um deles é capaz de ser consideravelmente educado, e quando são educados para notar formas, cores, tonalidades, e texturas, e percebem até mesmo sutis distinções, toda a vida do indivíduo é enormemente enriquecida. Faz parte da educação aprender a prestar atenção às coisas que estão ao redor, e também a apreciar a harmonia em cor, som e formas, ver como um som e uma cor misturam-se um com outro, mas não com um terceiro. Tudo isso pode parecer uma educação voltada para alguém que vai ser artista. Mas todo mundo precisa ter toda sua capacidade para a atenção extraída no início de sua vida, sem qualquer compulsão e através da alegria de tal treinamento. Todos sabem que uma pessoa cega desenvolve uma extraordinária sensibilidade de audição e de tato, que nós que somos dotados de visão não possuímos. O que não nos permite ter essa mesma acuidade de audição e sensibilidade de toque, mesmo quando somos abençoados com um par de olhos que estão funcionando? Todos nós nascemos neste mundo com certas faculdades. Não deveríamos treiná-las e usá-las? Todos devem aprender a fazer isso, especialmente quando o mundo ainda é novo e interessante, e os sentidos estão prontos para ser treinados. Nós não compreendemos o quanto perdemos por não termos tido tal treinamento.

Dizem que os sentidos são as janelas da alma. Quando esta extensão é aumentada toda a superfície de contato com a vida é assim aumentada. Isto significa não apenas uma vida mais plena e mais completa no plano físico, mas também uma base mais prolongada para a imaginação que começa a se desenvolver simultaneamente. Nosso pensamento – a criação de imagens que é parte do nosso pensamento – está baseado em impressões sensoriais. Quando isso for analisado, veremos que a imagem de nossos pensamentos consiste de elementos que penetraram através das trilhas dos sentidos e de suas modificações. A imaginação não ocorre no vácuo, ela é estimulada por nossas reações às coisas; e tais impressões tal como as recebemos do mundo à nossa volta podem ser falsas ou verdadeiras, incompletas ou completas. Quando o material que a mente recebe e classifica a seu modo é mais rico e mais variado, as possibilidades da imaginação são, consequentemente, estendidas. Há uma compreensão da vida melhor, mais íntima, quando há um contato mais pleno, mais íntimo com as coisas, com as pessoas e eventos.

A criança – eu uso a palavra para significar o sujeito da educação, incluindo assim menino ou menina – precisa ser treinada no uso de seu corpo por movimentos físicos graciosos que não distorçam ou extenuem os membros. O corpo tem de adquirir rapidez na ação, coordenação de movimentos, precisão e equilíbrio. Um acrobata no circo e pessoas que sejam peritas em diferentes jogos mostram como pode ser alcançada uma extraordinária precisão em movimentos que envolvem o julgamento de inúmeros fatores e a coordenação de olhos, mãos e membros por meio do treinamento e de quantas maneiras diferentes o corpo pode equilibrar-se. Não é preciso que todas as pessoas sejam acrobatas ou realizem vários tipos de façanhas, mas como todos têm um corpo físico, desenvolvem suas capacidades e o tornam um instrumento capaz de todas as maneiras. É preciso aprender a estar alerta na vida comum, caminhar com elegância e evitar posturas desajeitadas. Esse controle do corpo conduzirá à união entre mente e corpo e mesmo entre corpo e alma. No transcurso de várias atividades físicas, tais como natação, corrida, salto etc., aprende-se a julgar muitas coisas tais como velocidade, distância, o tempo que seria necessário para realizar certas coisas. Toda forma de ação depende de um conjunto de percepções físicas que deve ser nítido e preciso.

Falando de emoções e sentimentos, obviamente que numa vida normal eles desempenham papel mais importante e vital do que o corpo físico ou o intelecto. Até mesmo a saúde depende em grande parte das condições emocionais. Mas nossa educação não dá atenção a isso e está centrada quase exclusivamente no cultivo da mente. Se pudermos ajudar a criança a desenvolver e expressar emoções tais que conduzirão a um estado de harmonia interior e criarão relações felizes com os outros, estaremos dando a ela auxílio mais valioso do que pode ser oferecido de qualquer outra maneira. É um auxílio à totalidade do ser humano, e assim mais valioso do que proporcionar prazer temporário. Se pudermos extrair de uma pessoa sua capacidade para a afeição e simpatia para com os outros, estamos dando um ímpeto a toda a sua evolução através da série de vidas vindouras. Se pudermos ajudar o menino a crescer e se tornar uma pessoa gentil, altruísta, mais voltado a ajudar os outros do que a conseguir coisas para si mesmo, este é um serviço duradouro ao seu caráter, por meio do qual toda sua evolução no estágio humano torna-se mais fácil; muito *karma,* que ele de outro modo poderia gerar, pode ser evitado. Quando não foram prejudicadas em sua criação, as crianças gostam de ser úteis e delicadas com animais e pássaros; gostam de brincar com as pequenas criaturas do campo. É uma perversidade querer infligir dor a outro ser senciente. Ser gentil e compassivo é um instinto natural. Mas não há métodos difíceis e rápidos para extrair este instinto. O professor deve primeiramente ter ele mesmo este instinto em si. Isto não quer dizer que ele deva ser uma pessoa exageradamente sentimental, mas agindo ele mesmo de modo natural, deve ajudar a criança a manifestar sua vontade inata, sem torná-la dependente dele.

A valorização das artes e a prática de alguma arte específica para a qual a criança tenha aptidão devem ser parte do programa, já que esta é certamente uma maneira de refinar e educar as emoções. Não digo que todos, quer gostem ou não, sejam obrigados a pintar, desenhar ou cantar. Mas todo mundo tem em si alguma capacidade para apreciar e criar o belo, e se lhe deve ensinar a gostar do que é bom na Natureza tanto quanto na Arte.

Desde pequenina deve-se ensinar à criança ordem, boas maneiras, e a consideração para com os outros em todo contexto da vida. A educação deve preparar a pessoa para continuar aprendendo ao longo da vida. Esse aprendizado dá-se tanto através da observação e da audição quanto através de livros. Deve-se ensinar a toda criança, portanto, a observar e ouvir, e também conversar, de modo sensível e bem. Bem poucos de nós verdadeiramente nos preocupamos em ouvir o outro. Mesmo quando a outra pessoa está falando, interrompemos sua fala, queremos fazer algum comentário inteligente. Desde a primeira infância deve-se ensinar, como parte das boas maneiras, que se deve ouvir com respeito, mais do que falar. É necessário que a criança ou o jovem aprendam a ter paciência, a esperar quando for preciso, a dar precedência aos outros e a encontrar geralmente mais prazer em dar do que em receber. Tudo isso se tornará natural e agradável depois de certo tempo, fará parte de um modo de vida gracioso. Deve-se ajudar a criança a aprender tanto da própria vida quanto dos livros. A educação deve realizar todas estas coisas, porque a educação é realmente para a vida, sendo a subsistência apenas incidental. Não importa de fato se a pessoa tem muito dinheiro ou comparativamente pouco, pois a felicidade pessoal não depende realmente daquilo que se possui.

Com relação à mente, esta deve ser cuidadosamente treinada para desenvolver suas capacidades sem ser sobrecarregada com coisas que sejam desnecessárias lembrar. O importante é desenvolver uma mente ou espírito que não seja meramente imitativa, que seja capaz de agir por si e que tente aprender a descobrir as coisas por si, enquanto faz uso do conhecimento dos outros. Deve ser uma mente que, como um aparelho de rádio receptor, seja capaz de captar as coisas com nitidez, mantê-las de modo não confuso, perceber as implicações e ir além das irrelevâncias até a verdade do fato.

Uma educação verdadeiramente completa deve significar pôr o menino ou a menina em contato com os fundamentos de quase todos os campos importantes do conhecimento, mas sem sobrecarregar a mente com detalhes. O treinamento deve ser de tal forma que deverá extrair as diferentes faculdades artística, científica, etc., muito embora o indivíduo possa ter de se especializar posteriormente ao longo de alguma linha, em alguma técnica ou vocação como meio de vida. Nós entulhamos o cérebro com muitas coisas desnecessárias. Suponhamos que eliminemos tudo isso, descobrindo o que seria útil para o indivíduo, o que seria essencial para ele saber, quais as coisas que lhe dariam um bom conhecimento do mundo em que está. Ao dar tudo isso à criança, estaríamos lhe oferecendo uma educação de verdadeiro valor.

Eu ainda acrescentaria o ensinamento de certas verdades fundamentais, tais como a Vida Una; que o ser humano não é apenas o corpo, mas algo que é o mais belo aspecto de si mesmo e que usa o corpo; que ele cria seu próprio destino; e mesmo a encarnação e o *karma*. Tudo isso deve ser ensinado não como um dogma, como algo a ser acreditado, mas como uma visão de vida, e apresentado de uma maneira que seja plausível e razoável de aceitar. Deve ser possível perceber a verdade sob qualquer ponto de vista, quando apresentada de maneira apropriada, considerando-a diretamente e não fazendo rodeios com argumentos. Podemos dizer à criança o que pensamos com relação a tais questões, sem forçá-la a concordar com as nossas ideias.

Uma coisa a ser enfatizada desde o início é a realização de todo trabalho, por menor que seja, da melhor maneira possível. A criança deve aprender não apenas a fazer coisas úteis, como fazem os escoteiros, mas também gostar de fazê-las bem. A importância do trabalho ou de uma coisa não depende de sua magnitude, mas de seu lugar, do modo como é feito, de sua função num esquema particular.

Muitas crianças têm em si grandes possibilidades, mas estas geralmente não desabrocham; elas possuem talentos ocultos para os quais não há escopo em suas vidas. Isto certamente deve-se ao *karma*, mas se nos for possível ajudar a criança sob nosso cuidado a desenvolver essas faculdades que ela trouxe do passado, seria possível para a sociedade posteriormente utilizá-las.

Nossos estudos em Teosofia devem fazer-nos compreender como cada indivíduo é tremendamente importante, quanta potencialidade existe nele, e quanto pode ser feito por cada um, em seu estágio particular, através de meios tais que possamos inteligentemente empregar para facilitar a realização dessas possibilidades.

Quando uma pessoa recebe o encargo de ensinar a uma criança, ela não deve considerar este trabalho insignificante, que seria melhor desempenhar um papel maior na vida do que ser um pobre e humilde professor. Uma visão assim é completamente errônea, porque se ajudamos a criança que está sob nosso cuidado a se desenvolver da melhor maneira possível, então ela crescerá e fará muitas coisas na vida. Muitas vezes ao ajudar os outros podemos estar ajudando o mundo como um todo, muito mais do que compreendemos. Não é preciso que todas as grandes coisas sejam feitas pela própria pessoa.

Como eu disse no início, a educação não deve estar tanto nos temas de um currículo, por mais bem elaborado que seja, mas na educação do ser humano total; portanto, não pode ser uma questão de produção em massa. Nós verdadeiramente não podemos produzir homens e mulheres educados como se produz mercadorias nas fábricas. A criança individual não é simples argila a ser moldada; existem fatores de sua própria psique e de sua hereditariedade espiritual obscurecendo-a, mesmo quando verdadeiramente não estão atuando. Podemos não ser capazes de tratar cada criança individualmente como um sujeito único, mas podemos reconhecer pelo menos as amplas diferenças entre uma criança e outra em temperamento, capacidade e aptidão, e dar vazão a essas diferenças.

É óbvio que toda criança deve ter tanta educação quanto consiga receber, sem pagar nada por isso. A criança deve receber da sociedade o melhor cuidado e treinamento que a sociedade possa oferecer. Nada menos do que o melhor bastará quando o gosto ainda não está formado, mas começando a se formar delicadamente de inúmeras maneiras diferentes. Há verdade nas palavras de Ruskin: "Diga-me do que tu gostas, e eu te direi o que és".

Portanto, somente os melhores homens e mulheres devem ser escolhidos para professores; não necessariamente os melhores do ponto de vista dos conceitos acadêmicos, porque muitas vezes aqueles que têm boas notas conseguem-nas através da superconcentração sobre um tema particular, o que em muitos casos produz uma perspectiva estreita e um tanto desequilibrada. Nem sempre os mais eruditos são os melhores para realizar tarefas particulares ou para entender as pessoas.

A educação deve ser livre de qualquer tipo de controle estatal ou partidário, porque nem o partido nem o estado entende o que seja educação, e em suas mãos ela se tornará os meios para os fins, que não são os fins da vida em si, mas seus próprios fins. Ela pode até mesmo tornar-se um meio para a morte, para estereotipar a mente, estabelecer uma ideologia particular, fixar as coisas de uma maneira particular sem qualquer possibilidade de mudança ou progresso.

Qual é a finalidade da vida? A finalidade da vida talvez seja mais vida, a crescente compreensão de suas potencialidades e de seu poder para criar, de modo que ela flua cada vez mais livremente e crie o que deseja. A pessoa deve ser ajudada a atingir o mais elevado grau de inteligência que lhe seja possível, e a ser livre no uso dessa inteligência. Então, em sua liberdade, ela fará o que quiser, e o que ela fizer será parte do processo do seu progresso na vida. Educação deveria significar a abertura de caminhos nos cérebros e corações dos jovens, caminhos que se alargarão e levarão sempre adiante através de um processo de aprendizado que nunca cessa, através de uma criativa reação em cadeia do ambiente para a alma e da alma para o ambiente.

Vida! Mais Vida! Era o título de um dos livros de C. Jinarajadasa. As palavras têm um quê de verdade, porque a vida sempre dá origem a mais vida, não mais no sentido de quantidade ou magnitude, embora faça até isso em um certo nível, a partir de uma vida mais intensa, de um grau superior com um poder superior. A verdade a respeito do homem foi expressa nestas palavras: "A alma do homem é imortal e seu futuro é algo cujo crescimento e esplendor não têm limites". Quando isso é compreendido, a educação, no verdadeiro sentido, deve ser a educação de corpo, mente e emoções, de tal maneira que juntos possam formar um instrumento para a expressão das harmonias que estão na alma e a consecução de seu propósito.

5

A EDUCAÇÃO E A IMPORTÂNCIA DA VIDA

J. KRISHNAMURTI

Quando se viaja ao redor do mundo, observa-se em que grau extraordinário a natureza humana é a mesma, seja na Índia ou na América, na Europa ou na Austrália. Isso é especialmente verdadeiro nas faculdades e universidades. Estamos nos tornando, como se através de um molde, um tipo de ser humano cujo principal interesse é encontrar segurança, tornar-se alguém importante, ou divertir-se com um mínimo de preocupação.

A educação convencional torna o pensamento independente extremamente difícil. A conformidade leva à mediocridade. Ser diferente do grupo ou resistir ao ambiente não é fácil e é muitas vezes arriscado enquanto cortejamos o sucesso. O ímpeto para ser bem-sucedido, que é a busca de recompensa, seja na esfera material ou na assim chamada espiritual, a busca por segurança interior e exterior, o desejo de conforto – todo este processo abafa o descontentamento, põe fim à espontaneidade e alimenta o medo; o medo bloqueia a compreensão inteligente da vida. Com o aumento da idade, tem início o embotamento da mente e do coração.

Ao buscar conforto, geralmente nos portamos como tranquilos novatos na vida, tentando viver o mínimo possível de conflitos, e então temos medo de sair dessa reclusão. Este medo da vida, este medo da luta e de nova experiência mata em nós o espírito de aventura; toda nossa formação e educação fizeram-nos ter medo de ser diferentes de nosso próximo, medo de pensar de maneira contrária ao padrão estabelecido pela sociedade, falsamente respeitoso para com a autoridade e a tradição.

Felizmente, há algumas pessoas que são sinceras, que estão desejosas de examinar nossos problemas humanos sem o preconceito da direita ou da esquerda; mas, na vasta maioria de nós, não há o verdadeiro espírito de descontentamento, de revolta. Quando cedemos de maneira incompreensível ao ambiente, qualquer espírito de revolta que possamos ter tido fenece, e nossas responsabilidades logo põem fim a ele.

A revolta é de dois tipos: existe a revolta violenta, que é mera reação, sem compreensão, contra a ordem existente; e existe a profunda revolta psicológica da inteligência. Há muitos que se revoltam contra as ortodoxias estabelecidas somente para cair em novas ortodoxias, mais ilusões e autoindulgências ocultas. O que geralmente acontece é que nos afastamos de um grupo ou conjunto de ideais e nos juntamos a outro grupo, assumimos outros ideais, criando assim um novo padrão de pensamento contra o qual deveremos novamente nos revoltar. A reação apenas alimenta a oposição, e a reforma precisa de mais reforma.

Mas existe uma revolta inteligente que não é reação, e que surge com o autoconhecimento através da percepção dos sentimentos e pensamentos próprios. Somente quando enfrentamos a experiência, à medida que ela surge, e não evitamos a perturbação, é que mantemos a inteligência altamente desperta; e inteligência altamente desperta é intuição, que é o único guia verdadeiro na vida.

Ora, qual é a importância da vida? Por que estamos vivendo e lutando? Se estamos sendo educados simplesmente para alcançar distinção, conseguir um melhor emprego, ser mais eficientes, ter o mais amplo domínio sobre os outros, então nossas vidas serão superficiais e vazias. Se estamos sendo educados apenas para ser cientistas, eruditos casados com livros, ou especialistas viciados em conhecimento, então estaremos contribuindo para a destruição e a miséria do mundo.

Embora haja uma importância mais elevada e mais ampla na vida, para que serve nossa educação se jamais a descobrimos? Podemos ter uma educação elevada, mas se não temos uma integração profunda de pensamentos e sentimentos, nossas vidas são incompletas, contraditórias e assoladas por muitos temores; e enquanto a educação não cultivar uma perspectiva integrada sobre a vida, ela terá muito pouca importância.

Em nossa civilização atual dividimos a vida em tantos departamentos que a educação tem muito pouco significado, exceto no aprendizado de uma técnica ou profissão particular. Em vez de despertar a inteligência integrada do indivíduo, a educação está encorajando-o a se adaptar a um padrão, e assim está retardando sua compreensão de si mesmo como um processo total. Tentar resolver os muitos problemas da existência em seus respectivos níveis, separados como estão em várias categorias, indica uma total falta de compreensão.

O indivíduo é composto de diferentes entidades, mas enfatizar as diferenças e encorajar o desenvolvimento de um tipo definido leva a muitas complexidades e contradições. A educação deve produzir a integração dessas entidades separadas, pois sem integração a vida torna-se uma série de conflitos e dores. De que serve sermos treinados como advogados se perpetuamos o litígio? De que vale o conhecimento se continuamos confusos? Que importância tem a capacidade técnica e industrial se nós a usamos para destruir uns aos outros? Qual o sentido de nossa existência se leva à violência e à total miséria? Embora possamos ter dinheiro e sermos capazes de ganhá-lo, embora tenhamos nossos prazeres e nossas religiões organizadas, estamos em conflito interminável.

Devemos distinguir entre o pessoal e o individual. O pessoal é o acidental; e por acidental quero dizer as circunstâncias de nascimento, o ambiente no qual por acaso fomos educados, com seu nacionalismo, superstições, distinções de classe e preconceitos. O pessoal ou acidental é apenas momentâneo, embora esse momento possa durar toda uma vida; e como o atual sistema de educação está baseado no pessoal, ou acidental, no momentâneo, ele leva à perversão do pensamento e a inculcar temores autodefensivos.

Todos nós fomos treinados pela educação e pelo ambiente a buscar vantagem e segurança pessoais, e a lutar por nós mesmos. Embora subscrevamos isso com frases agradáveis, fomos educados para várias profissões dentro de um sistema que está baseado na exploração e no medo aquisitivo. Esse tipo de treinamento deve inevitavelmente trazer confusão e miséria para nós e para o mundo, pois cria em cada indivíduo aquelas barreiras que o separam, mantendo-o afastado dos outros.

Educação não é meramente uma questão de treinamento da mente. O treinamento contribui para a eficiência, mas não produz a integridade. Uma mente que simplesmente foi treinada é a continuação do passado, e uma mente assim jamais consegue descobrir o novo. É por isso que, para descobrir o que é a educação correta, teremos de investigar toda a importância do viver.

Para a maioria de nós, o significado da vida como um todo não é de importância fundamental, e nossa educação enfatiza valores secundários, simplesmente nos tornando proficientes em algum ramo do conhecimento. Embora conhecimento e eficiência sejam necessários, depositar total ênfase neles apenas leva ao conflito e à confusão.

Existe uma eficiência inspirada pelo amor que vai muito além e é muito maior do que a eficiência da ambição; e sem amor, que traz a compreensão integrada da vida, a eficiência produz crueldade. Não é isso o que está atualmente ocorrendo em todo o mundo? Nossa educação atual está engrenada para a industrialização e a guerra, sendo seu objetivo principal desenvolver eficiência; e estamos presos nesta máquina de competição cruel e de destruição mútua. Se a educação leva à guerra, se ela nos ensina a destruir ou sermos destruídos, será que não falhou completamente?

Para produzir a educação correta, obviamente devemos compreender o significado da vida como um todo, e para isso temos de ser capazes de pensar, não consistentemente, mas direta e verdadeiramente. Um pensador consistente é uma pessoa descuidada, porque se adapta a um padrão; ele repete frases e pensa de modo rotineiro. Não conseguimos entender a existência de modo abstrato ou teórico. Compreender a vida é compreender a nós próprios, e esse é tanto o início quanto o fim da educação.

Educação não é meramente adquirir conhecimento, reunir ou relacionar fatos; é ver a importância da vida como um todo. Mas não se pode abordar o todo através da parte, que é o que os governos, as religiões organizadas e os partidos autoritários estão tentando fazer.

A função da educação é criar seres humanos que sejam integrados e, portanto, inteligentes. Podemos obter diplomas e ser mecanicamente eficientes sem sermos inteligentes. Inteligência não é mera informação; não é derivada de livros, nem consiste de engenhosas respostas autodefensivas e afirmações agressivas. Alguém que não tenha estudado pode ser mais inteligente do que o erudito. Fizemos provas e graus de critérios de inteligência e desenvolvemos mentes astuciosas que fogem às questões humanas vitais. Inteligência é a capacidade para perceber o essencial, o que é; e despertar esta capacidade, em si mesmo e nos outros, é educação.

A educação deve ajudar-nos a descobrir valores duradouros de modo que não apenas nos agarremos a fórmulas e *slogans* repetidos; ela deve ajudar-nos a derrubar nossas barreiras nacionais e sociais, em vez de reforçá-las, pois elas alimentam o antagonismo entre as pessoas. Infelizmente, o atual sistema de educação está tornando-nos subservientes, mecânicos e profundamente irreflexivos; embora nos desperte intelectualmente, internamente nos deixa incompletos, embrutecidos e não criativos.

Sem uma compreensão integrada da vida, nossos problemas individuais e coletivos apenas se aprofundarão e se estenderão. O propósito da educação não é produzir meros estudiosos, técnicos e caçadores de empregos, mas homens e mulheres integrados que estejam livres do medo; pois somente entre seres humanos assim pode haver paz duradoura.

É na compreensão de nós mesmos que o medo termina. Se um indivíduo deve lutar com a vida de momento a momento, se ele tem de enfrentar suas complexidades, suas misérias e súbitas demandas, ele deve ser infinitamente flexível e, portanto, livre de teorias e de padrões particulares de pensamento.

A educação não deve encorajar o indivíduo a se adaptar à sociedade ou a ser apenas harmonioso com ela, mas ajudá-lo a descobrir os verdadeiros valores que surgem com a investigação e a autopercepção imparciais. Quando não há autoconhecimento, a autoexpressão torna-se autoafirmação, com todos os seus conflitos agressivos e ambiciosos. A educação deve despertar no indivíduo a capacidade para ser autoperceptivo e não meramente ceder à autoexpressão gratificante.

Que bem existe em aprender, se no processo de viver estamos destruindo a nós próprios? Como estamos tendo uma série de guerras devastadoras, uma após outra, obviamente que há algo radicalmente errado com a maneira como educamos nossos filhos. Acredito que a maioria de nós está perceptiva desta situação, mas não sabemos como lidar com ela.

Os sistemas, sejam educacionais ou políticos, não são mudados misteriosamente, são transformados quando há uma mudança fundamental em nós mesmos. O indivíduo é de primeira importância, e não o sistema. E enquanto o indivíduo não entender o processo total de si mesmo, nenhum sistema, seja de esquerda ou de direita, pode trazer ordem ou paz ao mundo.

Embora seja obviamente necessário saber ler e escrever, e aprender engenharia ou alguma outra profissão, será que a técnica nos dará a capacidade para entender a vida? Certamente que a técnica é secundária; e se a técnica é a única coisa pela qual nos esforçamos, obviamente estamos negando o que é de longe a parte maior da vida.

Vida é dor, alegria, beleza, feiura, amor, e quando entendermos isso como um todo, em todos os níveis, essa compreensão cria sua própria técnica. Mas o contrário não é verdadeiro: a técnica jamais pode produzir compreensão criativa.

A educação atual é um fracasso completo porque superestimou a técnica. Ao superestimarmos a técnica destruímos o homem. Cultivar a capacidade e a eficiência sem entender a vida, sem ter uma percepção abrangente dos modos de pensar e desejar, irá apenas nos tornar cada vez mais cruéis, o que significa engendrar guerras e ameaçar nossa segurança física.

O tipo correto de educação, enquanto encoraja o aprendizado de uma técnica, deve realizar algo que é de muito maior importância: deve ajudar o ser humano a experimentar o processo integrado da vida. É esta experiência que colocará a capacidade e a técnica nos seus devidos lugares. Se a pessoa verdadeiramente tem algo a dizer, o simples fato de dizê-lo cria seu próprio estilo; mas aprender um estilo sem a experiência interior pode levar apenas à superficialidade.

O tipo correto de educação não está preocupado com nenhuma ideologia, por mais que esta possa prometer uma utopia futura; não está baseado em um sistema, por mais cuidadosamente elaborado que seja; também não é um meio de condicionar o indivíduo de algum modo especial. Educação, no verdadeiro sentido, é ajudar o indivíduo a se tornar maduro e livre, a florescer muito em amor e bondade. É nisso que devemos estar interessados, e não em moldar a criança segundo algum padrão idealista.

Qualquer método que classifica as crianças segundo temperamento e aptidão simplesmente enfatiza suas diferenças; alimenta o antagonismo, encoraja a divisão na sociedade e não ajuda a desenvolver seres humanos integrados. É óbvio que nenhum método ou sistema consegue prover o tipo certo de educação, e a estrita aderência a um método particular indica preguiça por parte do educador. Enquanto a educação estiver baseada em princípios rotineiros, ela pode produzir homens e mulheres que sejam eficientes, mas não consegue produzir seres humanos criativos.

Somente o amor consegue produzir a compreensão do outro. Onde há amor, há comunhão instantânea com o outro, no mesmo nível e ao mesmo tempo. É pelo fato de sermos ao mesmo tempo tão áridos, vazios e sem amor que permitimos que governos e sistemas assumam a educação de nossos filhos e o direcionamento de nossas vidas; mas os governos querem técnicos eficientes, e não seres humanos, porque os seres humanos tornam-se perigosos para os governos – e também para as religiões organizadas. É por isso que os governos e as organizações religiosas buscam controlar a educação.

Não se pode fazer a vida adaptar-se a um sistema, ela não pode ser forçada a se transformar numa estrutura em forma de arco, por mais nobremente concebido que seja; e a mente que simplesmente foi treinada em conhecimentos factuais é incapaz de enfrentar a vida com suas variedades, suas sutilezas, suas profundezas e grandes altitudes. Quando treinamos nossos filhos segundo um sistema de pensamento ou uma disciplina particular, quando lhes ensinamos a pensar de modo compartimentado, impedimos que eles cresçam e se tornem homens e mulheres integrados, e, portanto, são incapazes de pensar de modo inteligente, o que significa enfrentar a vida como um todo.

A mais elevada função da educação é produzir um indivíduo integrado que seja capaz de lidar com a vida como um todo. O idealista, como o especialista, não está preocupado com o todo, mas apenas com a parte. Não pode haver integração enquanto se está buscando um padrão ideal de ação; e a maioria dos professores que são idealistas pôs de lado o amor, tem mentes áridas e corações empedernidos. Para se estudar a criança, tem-se de estar alerta, vigilante, autoperceptivo, e isso exige muito mais inteligência e afeição do que encorajá-la a seguir um ideal.

Outra função da educação é criar novos valores. Simplesmente implantar valores existentes na mente da criança, fazê-la adaptar-se a ideais, é conduzi-la sem despertar sua inteligência. A educação está intimamente relacionada à atual crise mundial, e o educador que vê as causas deste caos universal deve perguntar-se como despertar a inteligência no estudante, ajudando assim a geração vindoura a não produzir mais conflito e desastre. Ele deve dar toda sua atenção, todo seu cuidado e afeição à criação de um ambiente leve e ao desenvolvimento da compreensão, para que a criança, ao atingir a maturidade, seja capaz de lidar de modo inteligente com os problemas humanos que a confrontarão. Mas para fazer isso, o educador deve entender a si próprio em vez de confiar em ideologias, sistemas e crenças.

O tipo correto de educação consiste na compreensão da criança como ela é, sem lhe impor um ideal do que pensamos que ela deveria ser. Envolvê-la na estrutura de um ideal é encorajá-la a se adaptar, o que alimenta o medo e produz nela um conflito constante entre o que ela é e o que deveria ser; e todos os conflitos internos têm suas manifestações externas na sociedade. Os ideais são verdadeiro empecilho à nossa compreensão da criança e à compreensão da criança por ela mesma.

Um pai/mãe que verdadeiramente deseja entender seu filho não olha para ele através da tela de um ideal. Se ama a criança, ele/ela a observa, estuda suas tendências, sua disposição de ânimo e peculiaridades. Somente quando não se sente nenhum amor pela criança é que se lhe impõe um ideal, pois então as ambições pessoais estão tentando realizar-se nela, querendo torná-la isto ou aquilo. Se a pessoa ama, não o ideal, mas a criança, então há uma possibilidade de ajudá-la a compreender a si mesma como ela é.

Se a criança mente, por exemplo, de que vale colocar perante ela o ideal da verdade? Tem-se de descobrir por que ela está mentindo. Para ajudar a criança, tem-se de despender tempo para estuda-lá e observá-la, o que demanda paciência, amor e cuidado; quando não se tem amor, nem compreensão, então se força a criança a um padrão de ação ao qual chamamos um ideal.

Se o professor é do tipo correto, ele não dependerá de um método, mas estudará cada aluno individualmente. No nosso relacionamento com as crianças e os jovens, não estamos lidando com objetos mecânicos que podem ser rapidamente consertados, mas com seres vivos que são impressionáveis, voláteis, sensíveis, temerosos, afetivos; e para lidar com eles, temos de ter grande compreensão, a força da paciência e do amor. Quando estamos desprovidos destas coisas, buscamos um remédio rápido e fácil, e esperamos resultados maravilhosos e automáticos. Se somos descuidados, mecânicos em nossas atitudes e ações, temos receio de qualquer demanda sobre nós que seja perturbadora e que não possa ser atendida por uma resposta automática, e esta é uma de nossas maiores dificuldades em educação.

O tipo correto de educador, vendo a natureza interna de liberdade, auxilia cada estudante individual a observar e compreender seus próprios valores e imposições autoprojetados; ele o ajuda a se tornar perceptivo das influências condicionantes à sua volta, e de seus próprios desejos, que limitam sua mente e alimentam o medo; ele o ajuda, à medida que se torna adulto, a observar e compreender a si mesmo na relação com todas as coisas, pois é o anelo por autossatisfação que produz conflito e dor infindáveis.

A disciplina é uma maneira fácil de controlar a criança, mas não a ajuda a entender os problemas envolvidos na vida. Alguma forma de competição, a disciplina do castigo e da recompensa podem ser necessárias para manter a ordem e a aparente tranquilidade entre um grande número de estudantes colocados juntos numa sala de aula; mas com o tipo certo de educador e um pequeno número de alunos, seria preciso alguma repressão, cortesmente chamada de disciplina? Se as turmas forem pequenas e o professor puder dispensar plena atenção a cada criança, observando-a e auxiliando-a, então a compulsão ou o domínio sob qualquer forma são obviamente desnecessários. Se, num grupo assim, um aluno insiste em ser turbulento ou irracionalmente nocivo, o educador deve pesquisar a causa de sua má conduta, que pode ser uma alimentação errônea, falta de descanso, brigas na família, ou algum medo oculto.

Implícito na educação correta está o cultivo da liberdade e da inteligência, que não é possível se houver alguma forma de compulsão, com seus medos. Afinal, a preocupação do educador é ajudar o estudante a entender as complexidades de todo o seu ser. Pedir-lhe para suprimir uma parte de sua natureza em benefício de alguma outra parte é criar para ele um conflito sem fim que resulta em antagonismos sociais. É a inteligência que produz a ordem, e não a disciplina.

Não há espaço para a conformidade e a obediência no tipo correto de educação. A cooperação entre professor e aluno é impossível se não há afeto mútuo, respeito mútuo. Quando é exigida da criança a demonstração de respeito para com os mais velhos, isto geralmente torna-se um hábito, uma mera realização externa, e o medo assume a forma de veneração. Sem respeito e consideração, não é possível qualquer relacionamento vital, especialmente quando o professor é meramente um instrumento de seu conhecimento.

O propósito da educação é cultivar o relacionamento correto, não apenas entre indivíduos, mas também entre o indivíduo e a sociedade; e por isso é essencial que a educação deva, acima de tudo, ajudar o indivíduo a entender seu próprio processo psicológico. A inteligência jaz na compreensão de si mesmo e em ir além e acima de si mesmo; mas não pode haver inteligência enquanto houver medo. O medo perverte a inteligência e é uma das causas da ação egoísta. A disciplina pode suprimir o medo, mas não a erradica, e o conhecimento superficial que recebemos da educação moderna apenas o esconde mais.

O tipo correto de educação deve levar em consideração esta questão do medo, porque o medo distorce toda nossa perspectiva de vida. Não ter medo é o início da sabedoria, e somente o tipo certo de educação pode libertar do medo, única condição na qual existe inteligência profunda e criativa.

Recompensa ou castigo por qualquer ação simplesmente fortalece o egoísmo. A ação por amor ao outro, em nome do país ou de Deus, leva ao medo, e o medo não pode ser a base para a reta ação. Se queremos ajudar uma criança a ter consideração com os outros, não devemos usar o amor como um suborno, mas despender tempo e ter paciência para explicar os modos de consideração.

Não existe respeito pelo outro quando há uma recompensa, pois o suborno ou o castigo tornam-se muito mais importantes do que o sentimento de respeito. Se não temos respeito pela criança, mas simplesmente lhe oferecemos uma recompensa ou a ameaçamos com castigo, estamos encorajando a ganância e o medo. Pelo fato de nós mesmos termos sido criados para agir por amor ao resultado, não vemos que pode haver ação livre do desejo de vantagem.

O tipo correto de educação encorajará o cuidado e a consideração pelos outros sem instigação ou ameaça de qualquer tipo. Se não mais buscarmos resultados imediatos, começaremos a ver como é importante que tanto o educador quanto a criança sejam livres do medo do castigo e da esperança de recompensa, e de toda outra forma de compulsão; mas a compulsão continuará enquanto a autoridade for parte do relacionamento.

O verdadeiro problema da educação é o educador. Mesmo um pequeno grupo de alunos torna-se um instrumento de sua importância pessoal se ele usa da autoridade como meio de sua própria liberação, se o ensino for para ele uma realização autoexpansiva. Mas a simples concordância intelectual ou verbal referente aos efeitos incapacitantes da autoridade é estúpida e sem fundamento.

Deve haver um *insight* profundo quanto às motivações de autoridade e dominação. Se vemos que a inteligência jamais pode ser desperta através da compulsão, a própria percepção do fato afastará nossos temores, e então começaremos a cultivar um novo ambiente que será contrário à atual ordem social e em muito a transcenderá.

Para compreendermos a importância da vida com seus conflitos e dores, devemos pensar independentemente de qualquer autoridade, inclusive a autoridade da religião organizada; mas se em nosso desejo de ajudar a criança colocamos perante ela exemplos autoritários, apenas estaremos encorajando o medo, a imitação e várias outras formas de superstição.

Dogmas, mistérios e rituais não conduzem a uma vida espiritual. Educação religiosa no verdadeiro sentido é encorajar a criança a entender seu próprio relacionamento com as pessoas, as coisas e a Natureza. Não há existência sem relacionamento; e sem autoconhecimento todo relacionamento, com um e com muitos, traz conflito e dor. Por certo, explicar isso plenamente a uma criança é impossível; mas se o educador e os pais apreendem profundamente a plena importância do relacionamento, então a atitude, conduta e fala certamente poderão transmitir à criança, sem muitas palavras e explicações, o significado de uma vida espiritual.

A verdadeira educação religiosa é ajudar a criança a ser perceptiva de modo inteligente, a discernir por si mesma o temporário e o real, e a ter uma abordagem desinteressada à vida; e será que não teria mais significado começar cada dia em casa ou na escola com um pensamento sério ou com uma leitura que tenha profundidade e importância, em vez de murmurar algumas palavras ou frases muitas vezes repetidas?

Educar uma criança é ajudá-la a entender liberdade e integração. Para haver liberdade deve haver ordem, que somente a virtude pode oferecer; e a integração só pode ocorrer quando houver grande simplicidade. De inúmeras complexidades devemos passar para a simplicidade; tornando-nos simples em nossa vida interna e em nossas necessidades externas.

Embora oferecendo treinamento informal e técnico, a educação deve, acima de tudo, encorajar uma perspectiva integrada da vida, ajudando o estudante a reconhecer e abandonar todas as distinções e preconceitos sociais, e a desencorajar a busca aquisitiva de poder e dominação. Deve encorajar o tipo correto de auto-observação e a experimentar a vida como um todo, o que não é dar importância à parte, ao "eu" e ao "meu", mas ajudar a mente a ir além e acima dela mesma para descobrir o real. A reta educação vem com a transformação de nós mesmos. Devemos reeducar a nós próprios, não para matar os outros por alguma causa, por mais certa que seja, por alguma ideologia, por mais promissora que possa parecer para a felicidade futura do mundo. Devemos aprender a ser passivos, a estar contentes com pouco, e a buscar o Supremo, pois somente então pode haver a verdadeira salvação da humanidade.

6

UM NOVO TIPO DE EDUCAÇÃO

SUSUNAGA WEERAPERUMA

Por que nosso senso de admiração diminui, se não se estiola completamente, à medida que envelhecemos? Poucas faculdades no ser humano são mais preciosas que seu senso de admiração.

Quando a mente está comprometida com um dogma político ou religioso, ela logo começa a mostrar uma certa relutância em explorar com imparcialidade suas várias posições intelectuais. Logo as ideias e crenças pessoais tornam-se posses estimadas pelas quais se passa a ter interesse pessoal. Na defesa dessas posses, a pessoa está preparada para discutir, converter os outros e até mesmo lutar: esta é a origem do fanatismo. Ora, o senso de admiração diminui à medida que a pessoa se compromete com crenças, dogmas e ideias. Quanto menores forem os fardos psicológicos da mente, maior é a intensidade de seu senso de admiração. Preconceitos de qualquer tipo distorcem a percepção. As investigações de uma mente preconceituosa estão inevitavelmente circunscritas por seus preconceitos. É a mente desinibida e desimpedida que manifesta interesse em questionar suposições há muito aceitas, e que, portanto, é capaz de abrir novos caminhos. O tempo e a energia que os professores devotam a acender em seus alunos este senso de admiração é muito mais valioso do que seu papel tradicional de transmitir conhecimento. Os professores que tentam sufocar este senso de admiração condicionando as mentes de seus alunos através de propaganda de um tipo ou de outro certamente são indignos de sua profissão.

Paradoxal como possa parecer, o aprendizado é verdadeiramente um processo de desaprender. Como resultado da percepção a pessoa começa a reunir vários *insights* a respeito de si mesma. Estes *insights* constituem o autoconhecimento, e geralmente aparecem sob a forma de clarões súbitos que revelam fatos que até então permaneciam desconhecidos. Cada *insight* revela um aspecto da psique.

Autoconhecimento.

Ora, o autoconhecimento, que provavelmente é o mais precioso tipo de conhecimento, é diferente de todo outro conhecimento num aspecto muito importante. O conhecimento tecnológico continua aumentando quantitativamente enquanto o autoconhecimento, contrariamente, não cresce nem se expande: não é, em outras palavras, o resultado de um processo cumulativo. A não ser que se descarte cada *insight* a respeito de si mesmo no momento em que é experimentado, a mente não mais está livre para encontrar outros *insights*. Uma vez que a psique é um fluido, um fluxo dinâmico e sempre em mutação com características que jamais são constantes e estáticas, não se pode perceber sua natureza. Uma mente que é influenciada por *insights* prévios é, devido a essa influência, incapaz de percepção sem distorção.

É descartando o autoconhecimento que se o adquire. É por constantemente desaprender que constantemente se aprende.

Já que a psique é mutável e imprevisível, deve ser abordada sempre como se estivesse sendo observada pela primeira vez. Pois se a psique for abordada com conclusões obtidas de observações prévias, então não se conseguiria observar quaisquer mudanças nela que pudessem ter ocorrido no período interveniente entre uma observação e outra.

Disciplina.

A imposição de disciplina a alunos turbulentos, através de um sistema de recompensas e castigos, parece indigna e de qualquer modo não tem valor duradouro. Sempre há um elemento inconfundível de artificialidade e falta de profundidade numa "regularidade" que é impingida sobre alguém por outra pessoa. Pela ameaça do castigo não estaremos instilando vários temores nas mentes delicadas que bem poderiam ser a base para futuras neuroses? Estes métodos tradicionais de assegurar "bom" comportamento só têm resultado em criar uma fachada externa de ordem e disciplina sem fundamentalmente transformar a psique. O bom comportamento é sem motivo exterior pelo fato de a pessoa ser boa naturalmente. Ao compreender a importância da reta conduta, a pessoa começa naturalmente a ter bom comportamento. Os estudantes podem estar totalmente esquecidos do fato de que estão perturbando os outros e se tornando um aborrecimento. O professor que enfrenta um problema desse tipo pode tentar despertar nesse aluno uma certa atenção e consideração pelos outros para que ele se torne inspirado por um novo senso de responsabilidade. De tal modo que este estudante, por iniciativa própria, deixe de se comportar irrefletidamente.

Os problemas de indisciplina e violência entre estudantes nas escolas e em outros lugares não devem ser considerados isoladamente, como se não estivessem relacionados a outros problemas sociais. As atitudes e a conduta dos estudantes são basicamente um reflexo fiel do comportamento adulto no mundo. Como podem os estudantes comportar-se diferentemente quando o mundo adulto de seus pais é caracterizado por competição, ambição, agressão e crueldade? Os jovens, a não ser que estejam muito alertas, não conseguem evitar ser condicionados pelo que é antigo. Portanto, torna-se totalmente imperativo para os professores despertar nas jovens mentes um anelo para se libertarem de todas as influências corruptoras da sociedade. Quando os jovens começam a demolir as muralhas do condicionamento adulto, podem considerar vários aspectos de nossa sociedade tão repulsivo que desejam estar totalmente dissociados dos mesmos. Os *sannyasis* da Índia e as "pessoas que abandonam a escola" no Ocidente não foram necessariamente bem-sucedidas em romper os laços do condicionamento social; acontece frequentemente que sua "revolta" é nada mais do que a substituição de uma forma de condicionamento por outra.

O acúmulo de conhecimento não é importante, mas se isso se tornasse o principal propósito da educação, então estaríamos, de fato, reduzindo a mente a um enorme banco de dados.

A principal função do professor não é nem transmitir informação nem ensinar várias habilidades, ainda que sejam importantes, e sim despertar em seus alunos aquela curiosidade pelo autoconhecimento. Uma vez que os alunos consigam a chave para todo o mundo do conhecimento pelo domínio da arte da leitura, então os professores tornam-se em grande parte supérfluos. Atualmente, além disso, há inúmeras fontes não bibliográficas de conhecimento, tais como filmes, TV, [Internet – N.E.), onde a assistência exigida do professor no processo de ensino torna-se mínima.

O Bom Professor

Um bom professor não tem necessariamente de ser uma pessoa de grande erudição, embora sem algum conhecimento de sua matéria ele não estaria absolutamente qualificado para ensinar. Quem então é esse bom professor? O bom professor muito se esforçará para estimular em seus alunos o entusiasmo pelas coisas que realmente interessam na vida, tais como clareza de percepção, beleza, ternura e amor. Sempre ele enfatizará a importância de se estar intensamente perceptivo tanto do mundo externo quanto do mundo interior e mais complexo da psique.

No ato de transmitir conhecimento, o professor pode, se for internamente vigilante, ver seus próprios preconceitos em ação. Enquanto ensina um tema como história, por exemplo, ele pode observar como seus sentimentos nacionalistas estão distorcendo sua objetividade através da tentação de encobrir os erros de seu próprio país. Só é um professor genuíno aquele que jamais se identifica com qualquer país, nação, raça, religião, cor, casta ou classe social particular. Enquanto alerta os alunos para seus condicionamentos particulares, o professor pode permitir à sua própria mente descobrir seus preconceitos, gostos, aversões, temores, ansiedades, etc., até então não reconhecidos. Um professor que dedicadamente discuta meditação e vida espiritual com seus alunos está sendo hipócrita, a não ser que ele mesmo esteja empreendendo essa jornada interna de exploração. Uma vez mutuamente subentendido que tanto os alunos quanto o professor estão engajados neste esforço comum de compreensão, que deve resultar na rejeição pelo professor de sua capa de autoridade, se tiver uma, surge um novo relacionamento entre eles, baseado na igualdade e na fraternidade.

O professor deve ser mais informado do que seus alunos sobre a matéria que ensina, mas nenhum professor com sensibilidade pode alegar ser onisciente. Um bom professor é nada mais do que um guia que, juntamente com seus alunos, explora algumas das muitas áreas do conhecimento num espírito de camaradagem. Quando os professores compreendem quão pouco eles verdadeiramente conhecem diante da imensurável vastidão do conhecimento, eles se tornam verdadeiramente humildes.

Num sentido muito especial, não existe diferença básica entre um professor e um aluno, pois ambos são vítimas de condicionamento psicológico. O que importa não é como alguém é condicionado, mas se a pessoa está liberta de todo condicionamento, sendo, consequentemente, um indivíduo livre e criativo.

Educação Religiosa

Qual é a abordagem correta para a educação religiosa? Se é necessário ensinar religião, então é bom que o plano de ensino inclua todas as várias principais religiões dos mundos antigo e moderno.

Cursos sobre educação religiosa seriam incompletos se estivessem confinados ao estudo não crítico do idealismo sublime e dos *insights* penetrantes dos fundadores de religião. Esses cursos jamais devem ser preparados para encobrir o lado pior da história religiosa, tais como as guerras sangrentas sobre questões doutrinárias, a perseguição cruel daqueles que escolheram divergir, e também a inevitabilidade do sacerdócio como consequência direta da organização religiosa passando para as mãos de interesses pessoais.

Quando meninos e meninas são educados juntos em escolas coeducacionais, eles têm a oportunidade, desde tenra idade, de aprender a estabelecer os retos relacionamentos com os membros do sexo oposto – através de uma estreita associação no trabalho e na diversão eles crescerão para compreender e respeitar uns aos outros. A segregação de crianças segundo o sexo é antinatural e desnecessária. No mundo adulto, no qual as crianças eventualmente terão de viver, é um fato que homens e mulheres misturam-se livremente. Estarão as escolas que praticam esse tipo de segregação preparando as crianças para enfrentar os desafios da vida social adulta, ou verdadeiramente impedindo-lhes de assim o fazer?

Competição

Quase todos os países do mundo moderno, tanto capitalistas quanto socialistas, estão manchados pelo torpe espírito de competição.

As forças de competição e agressão geralmente operam juntas. O homem verdadeiramente civilizado, ao contrário, não compete com seu próximo, ele coopera.

No campo da educação, o espírito competitivo ainda prevalece. O antagonismo entre estudantes é criado quando são atribuídas notas às várias matérias.

Não se quer sugerir que os professores não devam manter registros confidenciais do progresso de seus alunos. Tais registros, no entanto, jamais devem ser usados para criar hostilidade entre os alunos. Isto geralmente ocorre quando, por exemplo, são rotulados como "inteligentes", "brilhantes", "morosos", etc.

Não será ilógico esperar o surgimento de um mundo que esteja baseado na cooperação, enquanto o pernicioso espírito de competição é fomentado na sala de aula? Um passo definido em direção ao nascimento de um mundo pacífico e cooperativo seria dado quando as escolas abandonassem o uso do espírito competitivo como incentivo para um desempenho acadêmico melhorado. Os estudantes devem ser alertados sobre a existência desta tradição perigosa em nossa cultura. Com a libertação da mente dessas tendências primitivas, a busca do conhecimento não mais será um ordálio, mas uma alegre e excitante aventura. O conhecimento será buscado pelo próprio conhecimento. Então os estudantes estarão livres para aproveitar cooperativamente suas energias e mergulhar cada vez mais profundamente no grande desconhecido.

Esportes

O vulgar espírito de competição é predominante também no mundo dos esportes. Por que permitir a entrada de sentimentos antagônicos em atividades que são essencialmente recreativas? Os jogos que as crianças praticam se tornarão mais divertidos sempre que sua participação for governada unicamente pela alegria do esporte e nada mais.

Os esportes competitivos organizados tornam-se frequentemente um meio de aparecer. O ego incansavelmente se afirma em sua luta por sobrevivência. Salvo os efetivos participantes em um jogo, os espectadores passivos também estão igualmente propensos a se afirmar de modo apaixonado. A designação "rivalidade amigável" está gravemente incorreta, porque qualquer forma de rivalidade não consegue senão gerar sentimentos de ambição, suspeição e hostilidade. Os cordiais apertos de mãos e os sorrisos não conseguem disfarçar a discórdia básica que governa o relacionamento esportivo entre eles. O mundo irá se tornar um local mais agradável para se viver quando o perigoso espírito competitivo for totalmente abandonado, não apenas no mundo dos esportes, mas em todos os setores da vida, para que possa surgir em seu lugar um clima de genuína cooperação e boa vontade entre os homens.

Provas

A alegria de aprender fica corrompida ou morre sempre que o papel das provas for indevidamente enfatizado. As provas não são desnecessárias, pois precisamos obviamente de algum meio de aferir o conhecimento e as habilidades adquiridas pelos aprendizes, mas quando o sucesso nas provas recebe grande importância, como se fosse a meta de toda a educação, não estaremos introduzindo um elemento de miséria nas vidas dos jovens? Um professor responsável se esforçaria para explicar que, como a educação é um processo que dura toda uma vida, não pode terminar com uma mera aprovação nos exames.

Treinamento Militar

O ensino de várias habilidades militares nas escolas é desde há muito considerado por certas pessoas como um meio eficaz de impressionar as mentes jovens sobre a importância da disciplina. O treinamento militar geralmente inclui prática no uso de armas de fogo, marcha e obediência às ordens de superiores sem questionamentos. A assim chamada disciplina que é imposta à pessoa por um agente externo pode criar a aparência de ordem, mas não é genuína, pois a verdadeira ordem é o resultado do autoconhecimento: em outras palavras, a ordem nasce da plena percepção e compreensão dos próprios conflitos e da desordem interior.

Um bom soldado deve sempre obedecer fielmente às ordens, independentemente de se a causa pela qual está lutando é moralmente certa ou errada. Ora, a guerra é necessariamente errada, pois envolve matar seres humanos. Como podem as crianças crescer como seres humanos gentis, sensíveis e amorosos, que consideram toda a vida como algo sagrado e digno de preservação, se vierem a se tornar embrutecidas e enrijecidas pelo domínio das habilidades militares e da adoção de valores que exaltam a violência? Provavelmente a escola é o melhor lugar para estabelecer as fundações para a criação de uma nova sociedade que evite a violência sob todas as formas, particularmente a violência organizada que se expressa sob a forma de guerra.

Companheirismo

A escola deve ser o local onde os estudantes possam sentir-se tão seguros e completamente à vontade, que suas mentes funcionem sem um traço de medo inibidor ou de ansiedade. Para gerar este sentimento, deve existir entre professores e alunos um certo elo de companheirismo. Há inúmeras escolas superlotadas onde os professores mal conseguem conhecer seus alunos, muito menos estabelecer algo como um profundo grau de comunhão, compreensão, confiança e afeição. Esta empatia vital entre professor e aluno não pode ser realizada a não ser que as turmas sejam viavelmente pequenas, em vez de terem número exagerado de alunos.

O ambiente físico da escola, com gramados espaçosos, jardins atrativos, e uma grande variedade de árvores, trará tranquilidade aos alunos. Muitos sábios extraíram da Natureza seu sustento espiritual. A Natureza é uma fonte infindável de inspiração artística, filosófica e espiritual. O estudo científico da Natureza não basta. O fascínio estético da Natureza tem de ser sentido, não pode ser capturado através de um processo de fria análise intelectual. Quantos alunos deixam a escola com a capacidade para se deleitar no fascínio da Natureza em toda sua beleza e glória? Quantos verdadeiramente têm interesse tão permanente e profundo em música, e nas demais artes que por esse motivo tornam-se mais sensíveis? Será por causa de nossa obsessão com o progresso material que nossos sistemas educacionais desordenadamente enfatizam o treinamento vocacional e o crescimento intelectual preferencialmente à busca não vocacional e não intelectual? Para o pleno florescimento de todos os aspectos da personalidade dos estudantes, seu crescimento emocional não é menos vital do que seu crescimento intelectual. Abençoados aqueles em quem há a harmoniosa combinação de mente e coração.

7

TEOSOFIA NO ENSINO FUNDAMENTAL/MÉDIO E SUPERIOR

C. JINARAJADASA

Exatamente agora estão ocorrendo muitas tentativas de reforma no mundo educacional; todos que têm o dever prático de ensinar e ajudar na construção do caráter das crianças estão perceptivos de quão insatisfatórios são os métodos e as teorias existentes. O intento destas várias reformas fica claramente evidente quando abordamos o problema da educação do ponto de vista da Teosofia. As teorias existentes começam com a suposição de que a criança é uma inteligência que começou no nascimento, e que, quando vem para a escola, sua mente é uma tábula rasa; necessariamente, portanto, o objetivo da educação é dar à criança um conhecimento que ela não possui e moldar um caráter que ainda não está formado. Estas teorias ainda são aceitas como verdadeiras, apesar do fato de que todos que tiveram de ensinar a meninos e meninas, e cada pai e mãe que teve de educá-los, saiba por experiência prática que as crianças têm caráter definido e atitudes definidas, desde tenra idade.

Do ponto de vista teosófico, o primeiro fato que sempre tem de ser mantido em mente com relação à criança é que ela é uma alma imortal, e que seu aparecimento como menino ou menina é para que as qualidades latentes nessa alma possam desabrochar através da experiência. O segundo fato é que o mundo visível é apenas uma parte de um mundo maior no qual a criança vive, e que o tempo todo ela está sendo afetada para o bem ou para o mal não apenas pelo que vê e ouve, mas também pela atmosfera invisível dos pensamentos e sentimentos dos outros. Como alma imortal, a criança já teve muitas experiências de vida, e seu surgimento atual como criança é apenas um de muitos surgimentos similares em eras passadas. Ela, portanto, conheceu muito a respeito da vida, já obteve uma certa quantidade de experiência do que fazer e do que não fazer. Este conhecimento, no entanto, está em grande parte adormecido, no que diz respeito ao cérebro da criança.

O verdadeiro objetivo da educação, portanto, é: primeiro, evocar esse conhecimento latente na criança; ela deve ser ajudada a rapidamente redescobrir esses princípios de conduta como, em suas vidas passadas, ela atestou e descobriu serem válidos para si; e a melhor forma de educação é aquela que permite à alma, trabalhando através do cérebro da criança, recordar o mais rapidamente possível seus sucessos e fracassos passados. O segundo objetivo da educação é levar a criança de modo tão rápido quanto possível a uma visão sintética da vida;

pois nenhum homem ou mulher começa a ser educado até que veja a vida de algum ponto de vista central. Nas atividades gerais da vida, estamos propensos a errar o alvo porque permitimos a divisão entre nossos mundos mental, emocional e moral; e quando existimos em compartimentos, a resultante de nossas energias é sempre menos vigorosa do que poderia ser se vivêssemos como um todo. Portanto, desde o início, a educação deve instilar na criança o senso de um todo na vida; e uma vez que ela já chegou a um certo grau de síntese através de suas experiências em vidas passadas, o educador deve almejar trazer a lembrança desta síntese rapidamente, e ao desenvolvê-la, abarcar um horizonte ainda mais amplo.

Este trabalho de habilitar a alma, através de seu corpo infantil, a chegar à sua antiga síntese, tem de ser feito em estágios, os de jardim de infância, ensino fundamental/médio e superior; veremos agora o que a Teosofia tem a dizer com relação à educação em cada um desses estágios.

A criança não é meramente o pequeno corpo físico que vemos; ela é também um corpo astral de emoções e um copo mental de ideias. Todos os três veículos, mental, astral e físico compõem a criança; e todos os três são sensíveis e exigem treinamento e coordenação. Cada veículo tem uma certa vitalidade própria, totalmente separada da vitalidade geral dominante da alma da criança; e cada um possui uma consciência rudimentar com gostos e aversões que não são necessariamente os da alma da criança. Essas correntes subconscientes de consciência são marcantes durante a vida infantil, e têm de ser mantidas dentro de suas próprias fronteiras, enquanto a alma usa os veículos que dão origem a elas; às vezes alguns destes elementos subconscientes podem ser totalmente contrários à natureza da criança; o corpo físico da criança pode ser extremamente turbulento ou letárgico, por causa da hereditariedade dos pais, mas isto não significa, necessariamente, que a alma careça de serenidade ou força. De modo exatamente semelhante, os corpos astral e mental da criança têm energias próprias para começar, totalmente à parte da energia da alma da criança que usa os veículos. Portanto, o principal objetivo do estágio de jardim de infância na educação é permitir à criança controlar seus veículos; o cérebro precisa ser desenvolvido por movimentos, a natureza emocional por sentimentos, e a mental por pensamentos.

O trabalho do jardim de infância, como sabemos, treina o corpo da criança em método, ordem e ritmo, e treina seus centros cerebrais para reconhecer os conceitos de cor, forma, peso, temperatura, etc. A destreza das mãos, ensinada no trabalho no jardim de infância, reage sobre a natureza emocional e mental da criança, e esse treinamento é muito necessário, para permitir à alma alcançar rapidamente sua síntese. Mas temos de reconhecer que o caráter da criança é influenciado não apenas pelos objetos que ela manuseia e pelas formas que vê, mas também por inúmeras influências invisíveis; as linhas, os ângulos e as curvas do aposento no qual ela trabalha, a cor das paredes e as formas dos objetos físicos que a cercam na sala de aula, todas a ajudam ou atrapalham invisivelmente; cada linha nos objetos à sua volta, cada matiz de cor, cada tom que ouve influencia suas naturezas mental e emocional; podemos ajudar as crianças ou atrapalhá-las pelos objetos que as cercam em suas vidas no jardim de infância. Os métodos modernos de jardim de infância têm reconhecido o valor do manuseio de vários objetos pela criança; mas têm ainda de reconhecer que os objetos em si, embora de modo invisível, manipulam a criança, e que estão moldando-a da maneira correta ou deformando-a da maneira errada.

A influência do professor sobre a criança, quando vista teosoficamente, é muito mais do que os educadores agora entendem; pois a criança é influenciada não apenas pelo instrutor visível, mas também por aquela parte da natureza do professor que é invisível. Uma palavra áspera ou um sorriso radiante de um professor tem, como sabemos, efeitos visíveis; exatamente semelhante, porém muito mais poderoso, é o efeito do pensamento do professor. O verdadeiro professor deve estar equipado de metodologia educacional não apenas intelectual, mas também emocionalmente; e no jardim de infância isso é essencialmente especial, já que os delicados veículos astral e mental da criança são extremamente sensíveis aos pensamentos e sentimentos do professor. Sem amor pela criança e um agudo interesse no modo como ela age ninguém tem o direito de ser professor; e este princípio geral é mais importante no jardim de infância, onde as crianças são entregues ao professor quase de corpo e alma.

Muitas melhorias têm ainda de ser feitas no jardim de infância, mas o princípio geral subjacente a todas elas é que, enquanto os três veículos da criança forem plásticos, é dever do professor concentrar-se repetidamente não apenas nas influências visíveis, mas também nas invisíveis, para fazer descer ao cérebro da criança tão rapidamente quanto possível a natureza mais plena da alma.

Após a criança adquirir uma certa quantidade de controle de seus veículos no jardim de infância, no estágio seguinte, ela tem de obter o senso da lei. Portanto, suas emoções devem agora ser mais plenamente trabalhadas. Ora, a criança nasce com uma natureza emocional que ela desenvolveu através de muitas vidas; o professor, portanto, não tem uma natureza emocional totalmente plástica ou incipiente sobre a qual trabalhar. Ele pode apenas modificá-la, erradicando quaisquer distorções ou deformações que nela existam, e fortalecendo o que é belo. O que tem de ser dado à criança – ou, para dizer a verdade, redespertar nela – é uma profunda capacidade para que, ao mesmo tempo que sentir, sentir com serenidade.

Isso pode ser alcançado em grande parte ao se trabalhar com o corpo físico da criança. Aqui jaz o valor da ginástica, especialmente toda ginástica que tenha em si algum senso de ritmo. Sempre que o senso de ritmo puder ser transformado em ação física, como na dança ou na Euritmia[4], há uma clara reação emocional, e o corpo emocional invisível da criança é estabilizado e ganha um senso de lei e ordem; e isso reage sobre a natureza mental para sintonizá-la com o pensamento da lei. Este efeito é especialmente aumentado onde os movimentos

---

[4] Forma de arte criada por Rudolf Steiner e sua esposa Marie Steine-von Sivers. A euritmia pode ser descrita como uma forma de arte, e não deve ser confundida com uma forma de dança ou ginástica tradicional. (N.E.)

rítmicos são realizados por muitas crianças em comum; é como se, enquanto todas estão trabalhando juntas, se tornassem unidades de um movimento rítmico invisível, que impõe sobre elas uma grande lei de beleza e ordem em ação.

O senso de lei e beleza é também grandemente desenvolvido ao se treinar a criança em poesia e música; e este treinamento não significa que a criança deva ser obrigada a escrever poesia ou compor música – a não ser que na verdade ela tenha aptidão especial para ambas dentro de si – mas que receberá tanto música quanto poesia como alimento emocional. Toda criança, desde os primeiros anos, deve conhecer alguma poesia e alguma música apropriadas à sua capacidade; mas devemos ter grande cuidado para que as frases escritas ou musicais sejam realmente adequadas. Pois assim como o lixo físico pode infectar o corpo sensível da criança, os corpos emocional e mental também podem ser infectados por poesia e música nocivas. Rimas infantis, com sua usual mistura de pensamentos e imagens que têm pouca relação com a vida, podem ser nocivas; talvez logo nossos poetas nos darão grandes poemas para as crianças substituírem pelas rimas infantis que lhes são ensinadas agora. Se em nossa civilização moderna pudéssemos abolir os sons desagradáveis das ruas, e os quadros horríveis em painéis, e também o uso de frases em linguagem distorcida que diferem de seu verdadeiro significado, não precisaríamos reclamar de crianças desobedientes; a desobediência é uma doença da natureza emocional, mas seus germes não estão tanto na criança quanto no mundo externo que a cerca em nossas modernas civilizações.

A natureza mental da criança tem de ser treinada para ser estritamente verdadeira ao fato; e isso é tremendamente difícil nos dias de hoje, porque muitas das palavras que usamos não significam o que querem dizer. Palavras com significados definidos, aceitos, são muitas vezes usadas para propósitos de exagero ou como gíria, e estas coisas confundem a sensível natureza mental da criança. Portanto, o maior cuidado tem de ser tomado para que as crianças ouçam apenas palavras que sejam verdadeiras, isto é, palavras que tenham alguma relação clara e precisa com a coisa que significa. A natureza mental da criança é extremamente ativa e difícil de se manter ao longo de linhas definidas; portanto, elas devem receber e também se deve esperar delas descrições claras das coisas. Esta exatidão mental em sua educação permitirá que sua mentalidade adormecida se expresse mais plenamente à medida que os anos passam; a exatidão de pensamento e descrição são necessárias pelas mais elevadas razões, que significa trazer ao cérebro da criança sua consciência como uma alma que já pensou com exatidão a respeito dessas experiências como ocorreram em suas vidas passadas.

Não é preciso dizer que a mente da criança tem de ser treinada por meio de historinhas. A mente é um dos mais sutis implementos arquitetônicos que possuímos; a natureza da mente é construir. Devemos, portanto, fornecer-lhe material nos vários estágios de seu crescimento, e nos primeiros anos mostrar à mente o que promove a beleza em construção. Aqui aparece o uso de contos de fadas, e especialmente de mitos: os mitos têm em si uma beleza estrutural intrínseca, e a mente da criança é treinada para elevar a faculdade imaginativa e aprender os grandes romances dos mundos visível e invisível.

Um elemento necessário na educação é dar à criança, mesmo nos primeiros anos, alguma síntese definida em que possa basear sua imaginação; e para isso a religião é fundamentalmente necessária. Religião não precisa significar dogmas definidos do tipo teológico; o que a criança precisa para começar é algum grande pensamento universal que corporifique em si um sentimento universal. Toda religião tem esses pensamentos adequados, mesmo para a mente de uma criança é perfeitamente possível cercá-la com uma bela atmosfera religiosa. Deve-se ensinar a cada criança pela manhã e à noite a lembrar de si mesma como uma alma, por meio de uma oração simples e devocional; um exemplo, em uso entre os filhos de teósofos, é esta oração simples da "Escada de Ouro":

> Eu sou um elo na escada de ouro do amor que se estende ao redor do mundo, e devo manter meu elo claro e forte.
> Assim, tentarei ser amável e gentil com toda coisa viva que encontre, e proteger e ajudar todos que sejam mais fracos do que eu mesmo.
> E tentarei ter pensamentos puros e belos, falar palavras puras e belas, e praticar ações puras e belas.
> Possa cada elo na Escada de Ouro tornar-se claro e forte.

Nesta bela oração, a imaginação da criança pode facilmente aprender o simbolismo, enquanto a oração tem dentro de si o grande pensamento de uma unidade de vida mais ampla do que a própria criança. Um trabalho que ainda precisa ser feito para a educação é escrever livros didáticos e livros de historietas para crianças que lhes apresentem a vida universal da humanidade, enquanto, ao mesmo tempo, fascinem sua imaginação;

poderíamos tornar as crianças grandes filósofas, se ao menos compreendêssemos que a filosofia não é uma questão de sistemas ou escolas definidas, mas de pensamentos, sentimentos e objetivos que os melhores da humanidade têm em comum.

Um outro elemento importante na educação da criança deve ser o ensino que lhe é dado de cuidar de plantas e animais; estas ordens inferiores da criação devem estar constantemente perto da vida da criança, para que ela possa lembrar de si mesma como alguém unido numa grande corrente de vida, e compreender que sua nobreza cresce à medida que serve não apenas àqueles que estão acima de si, mas também àqueles abaixo. Afora isso, cada flor, árvore ou animal irradia sua própria influência, e podemos utilizar estas coisas em auxílio invisível para acelerar o crescimento da criança em pensamento e sentimento.

Quando é chegado o momento de meninos e meninas irem para o ensino médio, podemos ter como certo que os veículos – físico, astral e mental – foram disciplinados até certo ponto e estão razoavelmente sob controle. Portanto, começamos agora um período quando a alma pode definitivamente imprimir no cérebro sua atitude interior à vida, treinando seus veículos para a tarefa que planeja executar na vida. Infelizmente, nas universidades de hoje em dia, o tratamento dado é deficiente, porque o ensino é excessivamente acadêmico e tem pouca relação com os problemas práticos da vida, conforme vistos pela alma. A parte mais útil da vida universitária não é a instrução recebida dos professores, mas aquela recebida dos estudantes, nos jogos e no intercâmbio social. O resultado usual da educação no ensino médio, conforme existe agora, está muito muito bem descrita nestes versos:

> Um jovem Apolo, alourado,
> Está sonhando à beira da lide,
> Magnificamente despreparado
> Para a longa pequenez da vida.

Quando as ideias teosóficas prevalecerem nas universidades, irá reconhecer-se que o ensino dado deve definitivamente almejar esclarecer para o estudante seus próprios problemas como alma. Ele veio à vida para desempenhar uma tarefa, e os anos preliminares de infância e juventude foram gastos na construção de seu veículo; agora ele é livre para examinar seu passado e inspecionar o futuro, para esclarecer por si mesmo o que ele é e qual é sua tarefa. A ajuda que podemos lhe dar é apresentar esses aspectos da cultura à medida que desperta dentro dele sua antiga síntese. Ao longo de toda sua educação no jardim de infância, no ensino fundamental e no ensino médio, este foi um dos objetivos; mas embora lá a síntese fosse sentida mais emocionalmente, durante a faculdade ela deve se intelectualmente reconhecida.

A síntese deve ser colocada perante ele arrumando-se as experiências dos gênios do passado e do presente de tal maneira que sua impressão geral seja fortalecer nele seu entusiasmo inato por seu próprio trabalho especial como alma. Se algum homem ou mulher terminar a faculdade sem ter encontrado dentro de si um entusiasmo profundo por uma profissão, a universidade falhou em seu objetivo no que diz respeito a ele/ela. É função da universidade mostrar-nos quais são os temas que valem a pena perseguir na vida, e não, como agora, simplesmente nos equipar para uma profissão. Este era, de fato, o objetivo da vida universitária em Atenas, mas nos dias de hoje existe tão pouco entendimento claro do que seja a vida, que na universidade os próprios professores estão confusos quanto aos grandes problemas da existência, e por isso seu entusiasmo incide principalmente sobre linhas intelectuais e acadêmicas. É bem sabido que Oxford e Cambridge têm uma forte atmosfera própria, mas essa atmosfera é mais de um passado cristalizado do que de um presente vivo, ou de um futuro absorvente.

Uma verdadeira universidade deveria treinar os alunos de tal maneira que através de todo seu trabalho na vida, depois de deixar a universidade, brilhe um sereno esplendor como o de um ser imortal realizando um trabalho no tempo; e esta é a verdadeira base de qualquer cultura digna desse nome. Diz-se que a função da universidade é criar estudiosos; o trabalho da universidade, do ponto de vista teosófico, deve ser tornar alunos imortais e servidores. É na universidade que se deve refletir sobre os mais elevados ideais da vida com beleza e serenidade; e o maior ideal da vida a ser ensinado aos estudantes, num lugar assim, nos dias modernos, deve ser a alegria da camaradagem em se trabalhar juntos com todas as pessoas e nações num trabalho definido para o bem-estar da humanidade. Das muitas perfeições que a universidade pode dar ao homem ou à mulher, aquela que é mais necessária hoje em dia é transformá-los em Servidores, tal como antigamente acontecia com os Cavaleiros do Rei Arthur! O mais agradável companheirismo de cavaleiros famosos de quem este mundo guarda o registro.

Aqueles de nós que obtivemos o que as modernas universidades têm a oferecer, sabemos o quanto devemos a elas; mas não podemos deixar de confessar que embora elas, de alguma maneira, nos equipassem mentalmente, não nos equiparam para entendermos o problema da vida que nos confrontava quando deixamos a faculdade. Tivemos de desaprender, lenta e dolorosamente, muitas das lições do passado, e aprender muitas lições estranhas e difíceis sobre cuja existência nossos professores nada nos disseram. Se tudo isso pudesse ser radicalmente mudado, e a universidade definitivamente fosse um lugar onde para nós, como almas, o trabalho de nossa alma fosse assinalado, e também como, à medida que realizássemos esse trabalho, pudessemos ver à nossa volta o pano de fundo da Eternidade, o que não poderia ser a vida universitária como parte essencial da vida de todo homem e mulher! Como as coisas estão agora, muitos homens e mulheres que não tiveram educação universitária são almas mais nobres e maiores servidores do que aqueles que passaram anos numa universidade. Tudo isso certamente mudará quando os princípios fundamentais da Teosofia permearem a educação, e nossos professores declararem acima de todas as coisas as grandes verdades que revelam aos seres humanos sua natureza divina, e como essa natureza é desenvolvida através do serviço humano.

Livros para Viver Melhor

Leia também do mesmo autor:

O Processo de Autotransformação

Vicente Hao Chin, Jr.

Neste livro, o leitor encontrará maneiras de lidar com os seus conflitos psicológicos de forma a ter uma qualidade de vida melhor e a superar medos, ressentimentos, depressão e estresse na vida diária. Aborda temas como: Meditação; a Saúde e o Corpo Físico; Autotransformação e Juventude; a Unidade Essencial das Religiões.

Trata dos fundamentos indispensáveis para a paz interpessoal, social e global, sendo uma preparação necessária para a vida espiritual.

A autotransformação consiste de quatro aspectos:

- Revisão do nosso mapa de realidade pessoal
- Esclarecimento dos nossos valores
- Autocontrole
- Transcendência

Cada aspecto contém exercícios que o leitor pode praticar e explorar.